한글만 알면 꿩먹고 알먹고

터키어 첫걸음

김대성, 바이람 쾨세 지음

문예림

한글만 알면 꿩먹고 알먹는

터키어 첫걸음

개정판 1쇄 인쇄 2019년 1월 18일
개정판 1쇄 발행 2019년 1월 23일

지은이 김대성, 바이람 쾨세
펴낸이 서덕일
펴낸곳 문예림

출판등록 1962. 7. 12 (제406-1962-1호)
주소 경기도 파주시 회동길 366 (10881)
전화 (02)499-1281~2 팩스 (02)499-1283
전자우편 info@moonyelim.com
홈페이지 www.moonyelim.com

ISBN 978-89-7482-891-2(13730)
값 15,000원

머리말

터키를 방문하는 사람 누구나 다양한 문화가 공존하는 모습을 보고 감탄을 하게 된다. 터키가 자리 잡고 있는 소아시아 지역에서는 로마, 비잔틴제국와 기독교 문화가 꽃을 피웠고 그 다음에 14세기부터 오스만제국을 건설한 터키인들의 문화와 이슬람 문화가 발전했던 모습을 만날 수 있다. 따라서 터키에 가면 여행객들은 과거와 현재를 만나고 동시에 동서양의 문화를 한 곳에서 경험하는 기회를 얻는다. 여름철 휴가기간이 되면 유럽인이나 동양인이 다함께 문화의 다양성을 경험하려고 이스탄불로 몰려든다.

일 년간 터키를 찾는 관광객은 그 수가 이천사백만 명이 넘는다고 하니, 이것이 바로 터키의 매력을 보여주는 증거다. 터키를 방문하는 한국인들도 일 년에 약 13만 명에 이른다고 한다. 터키를 방문하는 한국인들이 점점 증가하고 있으며, 그 숫자가 증가하는 만큼 터키에 대한 오해와 터키인에 대한 부정적인 인식도 늘어서 안타까운 생각이 든다. 그 이유는 한국인 방문자들이 터키 문화와 언어에 대한 기본적인 상식을 갖지 못하고 가기 때문에 종종 어려움을 만나기 때문이다. 터키인들이 한국을 '형제 국가'로 받아들인다는 생각에만 관심을 둔 한국인 여행자들이 터키인을 너무 편하게 대하게 되고 이로 인해 양 국민들 가운데 오해가 발생할 수 있다. 터키인의 사고가 이슬람 문화에 바탕을 두고 있어서 터키를 방문하려는 한국인들은 이슬람에 대한 기초적 상식을 가져야 하고 기본적인 터키어를 할 수 있으면 여행이 훨씬 즐거워진다. 대부분의 터키인들은 한국인들을 매우 친절하게 맞이해 주지만 간혹 일부 터키인이 그렇지 않은 경우가 있어서 한국인 방문자가 어려움을 겪기도 한다. 이러한 상황에 대비하기 위해서 터키뿐만 아니라 다른 나라를 방문할 경우에 기본적인 현지어를 알아둘 필요가 있다.

터키에 존재하는 문화적 다양성 외에도 한국인들에게는 터키는 또 다른 의미를 가지고 있다. 언어적 측면에서 터키어는 한국어와 어순과 문법 체계가 유사해 두 언어가 알타이어계에 속한다고 분류되고 있으며 이처럼 유사한 언어 체계는 서로에게 유대감을 쉽게 갖게하는 이유다. 이런 측면에서 보면, 한국인은 다른 어떤 민족과 비교해 볼 때 터키어를 용이하게 배울 수 있는 이점을 가졌다. 터키어는 아제르바이잔, 투르크메니스탄, 우즈베키스탄 언어 등과 매우 유사해 터키어를 구사하는 사람은 중앙아시아 국가들의 언어를 큰 어려움이 없이 익힐 수 있다.

이 책은 터키어를 배우려는 사람들을 위해 초보단계에서부터 중급단계의 회화를 익힐 수 있도록 꾸며졌다. 본문을 쉽게 읽을 수 있게 본문 전체를 터키인들의 음성으로 녹음하였다. 터키어 발음을 익힐 수 있는 최선의 방법은 MP3로 제작된 현지인 음성녹음을 자주 듣는 것이다. 이 책을 활용해 많은 한국인들이 터키를 쉽고 효율적으로 이해하고 접근함으로써 양 지역의 민족 상호간에 친밀감이 증가할 뿐 아니라 활발한 교류가 전개될 수 있기를 바란다.

끝으로 이 책이 나올 수 있도록 도와준 터키 앙카라대학교 언어연수원 교수인 Bayram köse와 도서출판 문예림의 서덕일 사장님께 감사를 드린다.

목 차

터키어 알파벳과 발음

0-1

대문자	소문자	발 음	한글대조	발음연습
A	a	[a]	아	Ankara
B	b	[be]	베	baba
C	c	[ce]	제	Cuma
Ç	ç	[çe]	체	çizgi
D	d	[de]	데	sade
E	e	[e]	에	erken
F	f	[fe]	ㅍ, 헤(모음앞)	fakat
G	g	[ge]	게	garson
Ğ	ğ	[yumuşak ge]	유무샥 게	fotoğraf
H	h	[he]	해	haber
I	ı	[ı]	으	Irak
İ	i	[i]	이	İstanbul
J	j	[je]	줴	Japon
K	k	[ke]	케	Kore
L	l	[le]	레	Lira

대문자	소문자	발　　음	한글대조	발음연습
M	m	[me]	메	masa
N	n	[ne]	네	anne
O	o	[o]	오	Osman
Ö	ö	[ö]	외	döner
P	p	[pe]	페	pazar
R	r	[re]	ㄹ레	araba
S	s	[se]	쎄	sabah
Ş	ş	[şe]	쉐	şehir
T	t	[te]	테	Türk
U	u	[u]	우	ufak
Ü	ü	[ü]	위	gün
V	v	[ve]	ㅂ,웨(모음 앞)	vatan
Y	y	[ye]	예	Hayır
Z	z	[ze]	제	zaman

Ders 1

Günaydın.

안녕하세요.(아침인사)

1-1

Merhaba. 메르하바	Merhaba! 메르하바
Günaydın. 귀나이든	Merhaba!. 메르하바
İyi akşamlar 이이 악샴라르	Nasılsınız? 나슬스느즈
İyi geceler. 이이 게제레르	Teşekkür ederim. Çok iyiyim. 테쉐퀴르 에데림, 촉 이이임
Nasılsınız? 나슬스느즈	(Siz de) Nasılsınız? (시즈 데) 나슬스느즈
Nasılsın? 나슬슨	Ben de iyiyim. Teşekkür ederim. 벤 데 이이임. 테쉐퀴르 에데림,
Güle güle. 귈레 귈레	Güle güle. 귈레 귈레
İyi günler. 이이 귄레르	Teşekkür ederim. Ben de iyiyim. 테쉐퀴르 에데림, 벤 데 이이임
Allahaısmarladık. 알라하으스마를라득	

안녕!(친한 사이, 시간에 구애받지 않음)
안녕하세요 (아침인사)
안녕하세요.(저녁인사) (좋은 저녁입니다)
안녕하세요(늦은 밤 인사), 또는 안녕히 주무세요 (좋은 밤입니다)
어떻게 지내십니까?
어떻게 지내니? (친한 사이)
안녕히 가세요.
안녕히 가세요, 좋은 하루 되세요.
안녕히 계세요.

안녕!
안녕!
어떻게 지내십니까?/잘 지내십니까?
고맙습니다. 아주 잘 지내요.
당신도 잘 지내십니까?
저도 아주 잘 지냅니다. 고맙습니다.
안녕히 가세요
고맙습니다. 저도 잘 지냅니다.

단어 익히기

- aydın 밝은
- iyi 좋은
- gün 날, 낮
- günaydın 날이 밝다
- akşam 저녁
- gece 밤
- Merhaba 안녕(친한 사이에 쓰는 인사말)
- Nasıl 어떻게, 얼마나
- de 또한
- çok 몹시, 아주, 매우
- teşekkür ederim (나는) 고맙다.
- siz 당신

〈다양한 인사말 표현〉

- Hoşça kalın. 안녕히 계세요.
  호쉬차 칼른
- Ne haber? 안녕?
  네 하베르
- İşleriniz nasıl gidiyor? 하시는 일은 어떻습니까?
  이쉬레리니즈 나슬 기디요르
- Şöyle böyle. 그럭저럭이요.
  쇠일레 뵈일레
- Sağ olun. 고맙습니다.
  사으 올룬
- Sağ ol! 고마워! (친한 사이)
  사으 올

문법 따라잡기

1. İyelik Ekleri(대명사적 어미)

대명사적 어미가 어떤 사람이나 사물에 붙어서 이 명사가 어떤 사람(인칭)에게 소속되었는지를 밝혀 준다.

아래의 예시에서 볼 수 있듯이 "Benim adım"을 다음과 같이 분류해 설명할 수 있다.

"Benim은 (나의), adım은 (이름)이라는 뜻이다" Benim은 대명사 Ben의 소유격이다.

adım은 ad+ım로 이루어지는 데 ad(이름)+ım(나의)로 나눠고 "ım"이 1인칭 대명사적 어미로서

"ım"이 어떤 명사에 붙으면 이 명사가 곧 1인칭에 속하고 있음을 뜻한다.

따라서 "Benim"은 생략해도 무방하고 "ad+ım"으로만 "내 이름"이라는 의미를 나타낸다.

여기에서는"ad"는 1인칭에 속한 명사가 되는 것이다. 즉, "ad"는 1인칭이 소유하는 명사이다. 그렇다면 ev+in에서는 ev(집)+in(너의)이므로 "ev"는 2인칭에 속한 명사가 된다. 즉, "ev"는 2인칭에 속하는 명사이다.

(Benim) *isim(명사)*+**-(İ)m**(1인칭 어미) → (Benim) ad+*ım*, 내 이름
(Senin) *isim(명사)*+**-(İ)n**(2인칭 어미) → (Senin) ev+*in*, 네 집
(Onun) *isim(명사)*+**-(s)İ**(3인칭 어미) → (Onun) kedi+*si*, 그의 고양이
(Bizim) *isim(명사)*+**-(İ)mİz**(1인칭 복수어미)
→ (Bizim) okul+*umuz*, 우리의 학교
(Sizin) *isim(명사)*+**-(İ)nİz**(2인칭 복수어미)
→ (Sizin) göz+*ünüz*, 당신의 눈
(Onların) *isim(명사)*+**-lArİ**(3인칭 복수어미)
→ (Onların) göz+*leri*, 그들의 눈

★대명사적 어미를 활용하는 방법은 다음과 같다.

1. 대명사적 어미는 모음조화에 따라 모음이 변화한다.
2. 단어의 말음이 모음인 경우 대명사적 어미 첫음에 있는 모음이 생략된다.
3. 3인칭 단수에서 말음이 모음인 경우 매개 자음 -s를 붙인다.

Benim 나의	Araba**m** 나의 차	Ev**im** 나의 집	Okul**um** 나의 학교	Otobüs**üm** 나의 버스
Senin 너의	Araba**n** 네 차	Ev**in** 네 집	Okul**un** 네 학교	Otobüs**ün** 네 버스
Onun 그의	Araba**sı** 그의 차	Ev**i** 그의 집	Okul**u** 그의 학교	Otobüs**ü** 그의 버스
Bizim 우리의	Araba**mız** 우리의 차	Ev**imiz** 우리의 집	Okul**umuz** 우리의 학교	Otobüs**ümüz** 우리의 버스
Sizin 당신의	Araba**nız** 당신(들)의 차	Ev**iniz** 당신(들)의 집	Okul**unuz** 당신(들)의 학교	Otobüs**ünüz** 당신(들)의 버스
Onların 그들의	Arabaları 그들의 차	Evler**i** 그들의 집	Okulları 그들의 학교	Otobüsler**i** 그들의 버스

a, ı → ı; e, i → i; o, u → u; ö, ü → ü

[설명]

İ=a, ı → ı 명사가 모음 a, ı로 끝나면 여기에 붙는 대명사적 어미의 모음이 **ı**가 된다.

e, i → i 명사가 모음 e, i로 끝나면 여기에 붙는 대명사적 어미의 모음이 **i**가 된다.

o, u → u 명사가 모음 o, u로 끝나면 여기에 붙는 대명사적 어미의 모음이 **u**가 된다.

ö, ü → ü 명사가 모음 ö, ü로 끝나면 여기에 붙는 대명사적 어미의 모음이 **ü**가 된다.

명사+**lArİ**(3인칭 대명사적 어미 복수형)에서 **A= a, ı, o, u → a**로; **e, i, ö, ü → e**로

[설명]

3인칭 대명사적 복수형 어미는 –ları와 –leri이다.
앞의 명사가 모음 **a**, **ı**, **o**, **u**로 끝나면 복수형 어미는 -ları,
앞의 명사가 모음 **e**, **i**, **ö**, **ü**로 끝나면 복수형 어미는 -leri이다.

2. var(있다) X yok(없다)

Evde kedi var. **X**	Sokakta köpek yok.
집에 고양이가 있다.	길에 개가 없다.
Sende para var. **X**	Bende araba yok.
너에게 돈이 있다.	나에게 자동차가 없다.
Nerede banka var? **X**	Ankara'da deniz yok.
어디에 은행이 있나?	앙카라에 바다가 없다.
Ali'nin kalemi var. **X**	Onun bilgisayarı yok.
알리의 연필이 있다.	그의 컴퓨터가 없다.

3 단계

표현 따라하기 1-2

1. 만날 때 인사

Nasılsınız? 나슬스느즈	안녕하세요.
Nasılsın?(친한 사이에 사용) 나슬슨	
Ne haber?(친한 사이에 사용) 네 하베르	무슨 소식이 있어?
Ne var ne yok? 네 와르 네 욕	별일이 있습니까?
İşleriniz nasıl gidiyor? 이쉬레리니즈 나슬 기디요르	일이 어떻습니까?
İyi misiniz? 이이 미시니즈	안녕하시지요?
Merhaba! 메르하바	안녕!

İyi misin? 이이 미신?	잘 지냈어?
Çok iyiyim. 촉 이이임	아주 좋습니다. (아주 잘 지내요)
Fena değil. 페나 데으일	나쁘지는 않아.

2. 헤어질 때 인사

Yine görüşürüz. 이네 괴뤼쉬뤼즈	다시 만나요.
Görüşmek üzere! 괴뤼쉬멕 위제레!	
İyi günler! 이이 귄레르	잘 지내!
Yarın görüşürüz. 야른 괴뤼쉬뤼즈	내일 다시 봐(요).
Sonra görüşürüz. 손라 괴뤼쉬뤼즈	나중에 만나(요).
İyi akşamlar. 이이 악샴라르	좋은 저녁 시간 보내십시오.
İyi geceler. 이이 게제레르	안녕히 주무세요. (밤인사)

단어 Yine 곧, 금방 sonra 나중에 üzere ~위하여, 목적으로

3. 인사말 따라하기

Merhaba 메르하바	안녕.
Merhaba, Mesut! 메르하바, 메수트	안녕, 메수트!
Merhaba, Gül Hanım! 메르하바, 귈 하늠	여보세요, 귈 부인!

Nasılsınız
나슬스느즈

안녕하세요!

Ne var, ne yok!
네 와르, 네 욕

안녕!(별일 없지?)

Günaydın.
귀나이든

안녕하세요 (아침인사)

İyi günler!
이이 귄레르

잘 지내세요!

Anne. İyi geceler!
안네, 이이 게제레르

엄마 안녕히 주무세요.(좋은 밤 보내요)

Güle güle, Hakan!
귈레 귈레, 하칸

안녕히 가세요, 하칸 씨.

Hoşça kal Hüseyin.
호쉬차 칼, 휘세인

잘 있어, 휘세인.

Merhaba!
메르하바

안녕.

Merhaba Bayanlar!
메르하바 바얀라르!

안녕하십니까, 숙녀 여러분.

Merhaba Beyler!
메르하바 베이레르

안녕하십니까, 신사 여러분.

Günaydın!
귀나이든

안녕. [아침 인사]

İyi akşamlar!
이이 악샴라르

안녕. [저녁 인사]

4. 감사표시

Çok teşekkür ederim.
촉 테쉐퀴르 에데림,

대단히 감사합니다.

Sağ ol!.
사으 올

고마워.(잘 되길)

Nasıl teşekkür edeceğimi bilmiyorum.
나슬 테쉐퀴르 에데제이미 빌미요룸

어떻게 감사드려야 할지 모르겠습니다.

Her şey için çok teşekkür ederim.
헤르 쉐이 이친 촉 테쉐퀴르 에데림

모든 점에서 너무 감사드립니다.

Yardımınız için teşekkür ederim.
야르드므느즈 이친 테쉐퀴르 에데림

도와주셔서 감사합니다.
(당신의 도움 때문에 감사합니다.)

- 감사에 대한 응답 -

Bir şey değil.
비르 쉐이 데으일

별 거 아닌데요.

Rica ederim.
리자 에데림

천만에요.

Önemli değil.
외넴리 데으일

괜찮아요. (중요하지 않아요)

4단계

문제 풀기

Ⅰ. 다음 빈칸에 알맞은 단어를 넣어 완성시키시오.

1. ________! (아침인사)
2. İyi ________! (저녁 인사)
3. İyi ________! (잘 자,(밤 인사))
4. Nasıl ________? (안녕하세요)
5. Çok ________ ederim. (대단히 감사합니다)
6. Hoşça ________ Hüseyin. (잘 있어, 휘세인)
7. Bir şey ________. (별 거 아닌데요)
8. Yine ________. (다시 만나요)
9. ________ değil. 괜찮아요.(중요하지 않아요)
10. Güle ________! (안녕히 가세요)

Ⅱ. 다음에 주어진 명사에 단수 1인칭부터 복수 3인칭까지 각 인칭 별로 대명사적 어미를 붙이시오.

1. bilgi 2. araba 3. kitap 4. okul
5. saat 6. oda 7. fikir 8. saç

정 답

Ⅰ. 1. Günaydın 2. akşamlar 3. geceler 4. sınız 5. teşekkür
6. kal 7. değil 8. görüşürüz 9. Önemli 10. güle

Ⅱ. 1. bilgim bilgin bilgisi bilgimiz bilginiz bilgileri
2. arabam araban arabası arabamız arabanız arabaları
3. kitabım kitabın kitabı kitabimız kitabinız kitapları
4. okulum okulun okulu okulumuz okulunuz okullari
5. saatim. saatin. saati. saatimiz saatiniz. saatleri
6. odam odan odası odamız odanız odaları
7. fikrim fikrin fikri fikrimiz fikriniz fikirleri
8. saçım saçın saçı saçımız saçınız saçları

Ders 2

Kim O?

누구세요?

2-1

Kim o?
킴 오?

O kim?
오 킴?

O, Oktay(dır).
오 옥타이드 르

O adam Oktay(dır). * -dır는 접미동사 3인칭 현재 어미로서 종종 생략한다.
오 아담 옥타이드 르

Bu beyefendi(bey) Oktay(dır).
부 베이에펜 디 (베이) 옥타이드 르

Ben Hasan.
벤 하산

O, öğrenci(dir).
오 웨렌지디르

O, Japon mu?
오 자폰 무?

Hayır. O, Japon değil. O, Koreli
하이으르 오 자폰 으일. 오 코렐리

누구이지요 그 사람?
그 사람 누구입니까?
그는 옥타이입니다.
그 남자는 옥타이입니다.
이 신사는 옥타이입니다.
나는 하산입니다.
그는 학생입니다.
그는 일본인입니까?
아니오, 그는 일본인이 아닙니다. 그는 한국인입니다.

1단계

단어 익히기

- o (지시대명사) — 그것, 그 사람
  오
- bu(지시대명사) — 여기, 이것, 이 사람
  부
- kim — (의문대명사) 누구, 누가
  킴
- beyefendi(bey) — (남성칭호) 씨, 군
  베이에펜디(베이)
- öğrenci. — 학생
  웨렌지
- Hayır — 아니오
  하이으르
- dır, dir — ....이다(3인칭 단수접미동사, 앞의 모음에 따라 모음이 변한다)
  드르, 디르

2단계

문법 따라잡기

1. -İmek : 접미동사, 접미동사의 원형은 imek이지만 동사로 활용될 경우에는 완전히 다른 형태로 변한다. 접미동사는 명사나 형용사에 붙어서 사용되며 인칭에 따라서 변하고 또한 앞에 오는 모음에 따라서 어미가 변한다. 그 의미는 ".....이다"를 뜻한다.

a) Olumlu(+: 긍정형)

(Ben) *isim*/*sıfat*(명사/형용사) + **-(y)İm**

→ (Ben) Koreli-y-im (나는 한국인입니다)

'y' 는 모음충돌을 막기 위해 개입된다.

(Ben) hoca-y-ım (나는 선생님입니다)

(Ben) büyüğ-üm (나는 큽니다)

1인칭 접미동사가 앞에 오는 모음에 따라 조화를 이루어 -im, -y-ım, -üm 등으로 변화했다.

(Sen) *isim/sıfat*(명사/형용사)+**-sİn**

→(Sen)öğrenci-sin.(당신은 학생입니다)

hoca-sın(당신은 선생님입니다)

büyük-sün(당신은 큽니다)

(O) *isim/sıfat*(명사/형용사)+**-/-DİR**

→(O) Koreli-dir.(그는 한국인입니다)

hoca-dır(그는 선생님입니다)

büyük-tür(그는 큽니다)

(Biz) *isim/sıfat*(명사/형용사)+**-(y)İz**

→(Biz) Ankaralı-y-ız.(우리는 앙카라출신입니다)

hoca-y-ız(우리는 선생님입니다)

büyü-ğ-üz(우리는 큽니다)

(Siz) *isim/sıfat*(명사/형용사)+**-sİnİz**

→(Siz) güzel-siniz.(당신들은 아름답습니다)

hoca-sınız(당신들은 선생님입니다)

büyük-sünüz(당신들은 큽니다)

(Onlar) *isim/sıfat*(명사/형용사)+**-lAr/-DİrlAr**

→(Onlar) evli-dirler.(그들은 기혼자입니다)

hoca-dırlar(그들은 선생님입니다)

büyük-türler(그들은 큽니다)

İ=a, ı → ı; e, i → i; o, u → u; ö, ü → ü

[설명]

İ=a, ı → ı 명사가 모음 a, ı로 끝나면 여기에 붙는 대명사적 어미의 모음이 ı가 된다.

e, i → i 명사가 모음 e, i로 끝나면 여기에 붙는 대명사적 어미의 모음이 i가 된다.

o, u → u 명사가 모음 o, u로 끝나면 여기에 붙는 대명사적 어미의 모음이 u가 된다.

, **ö**, **ü** → **ü** 명사가 모음 ö, ü로 끝나면 여기에 붙는 대명사적 어미의 모음이 ü가 된다.

명사+**lArİ**(복수형 어미)에서 **A**=**a**, **ı**, **o**, **u** → **a**로; **e**, **i**, **ö**, **ü** → **e**로

[설명]

복수형 어미는 -lar와 -ler이다.

앞의 명사가 모음 **a**, **ı**, **o**, **u**로 끝나면 복수형 어미는 **-lar**,

앞의 명사가 모음 **e**, **i**, **ö**, **ü**로 끝나면 복수형 어미는 **-ler**이다.

b) Olumsuz (- : 부정형)

(Ben) *isim/sıfat* **değil-im** → (Ben)öğretmen değilim.

isim/sıfat(명사/형용사) 다음+부정형(değil)+인칭어미

(나는) 선생님이 아닙니다.

(Sen) *isim/sıfat* **değil-sin** → (Sen)öğrenci değilsin.

(너는) 학생이 아닙니다.

(O) *isim/sıfat* **değ il/değil-dir** → (O) Koreli değil.

(그는) 한국인이 아닙니다.

(Biz) *isim/sıfat* **değil-iz** → (Biz) Ankaralı değiliz.

(우리는) 앙카라 사람이 아닙니다.

(Siz) *isim/sıfat* **değil-siniz** → (Siz) güzel değilsiniz.

(당신은) 아름답지 않습니다.

(Onlar) *isim/sıfat* **değiller/değil-dirler** → (Onlar) evli değiller.

(그들은) 기혼자가 아닙니다.

2. 지시대명사 bu : "이것은", "이 사람은" 이라는 말이며, 사물과 사람을 지칭한다.

Bu Busan'dır. 부, 부산드르	이것은 부산이다.
Bu bey Kemal. 부 베이, 케말	이 분은 케말이다.
Burası Kore. 부라스 코레	여기가 한국입니다 (지도를 가리키며)

지시대명사는 세 가지가 있다 : bu, şu, o
bu : 이것, 가까운 곳의 사람이나 사물을 나타낸다.
şu : 저것
o : 그것, 가장 멀리는 것을 나타낼 때 사용된다.
Bu yer : bura 또는 burası
Şu yer : şura 또는 şurası
O yer : ora 또는 orası

3. 인칭대명사

인칭	단수	복수
1	ben	biz
2	sen	siz
3	o	onlar

(Ben) Koreli-y-im (Biz) Koreli-y-iz
(Sen) Koreli-sin (Siz) Koreli-siniz.
(O) Koreli-dir (Onlar) Koreli-dirler

[설명]

(Ben) Koreli-y-im : 1인칭 대명사 Ben에 1인칭 접미동사 어미가 붙었다. -y-im에서 y는 개입자음으로서 Koreli가 모음 i로 끝났으므로 1인칭 접미동사 어미 -im이 오게 되므로 그 사이에 y를 넣어 모음충돌을 막아준다.

(Biz) Koreli-y-iz : 1인칭 복수 대명사 Biz에 1인칭 복수 접미동사 어미가 붙었다. -y-iz에서 y는 개입자음으로서 Koreli가 모음 i로 끝났으므로 1인칭 복수 접미동사 어미 -iz가 오게되므로 그 사이에 y를 넣어 모음충돌을 막아준다.

(Ben) Koreli-y-im 나는 한국인입니다.
벤 코렐리이임

(Sen) Koreli-sin 너는 한국인입니다.
센 코렐리신

(O) Koreli-dir 그는 한국인입니다.
오 코렐리디르

(Biz) Koreli-y-iz
비즈 코렐리이이즈

우리는 한국인입니다.

(Siz) Koreli-siniz.
시즈 코렐리시니즈

당신들은 한국인입니다.

(Onlar) Koreli-dirler.
온라르 코렐리디르레르

그들은 한국인입니다.

인칭대명사의 격변화

주격	ben	sen	o	biz	siz	onlar
소유격	benim	senin	onun	bizim	sizin	onların
목적격	beni	seni	onu	bizi	sizi	onları
여격	bana	sana	ona	bize	size	onlara
처격	bende	sende	onda	bizde	sizde	onlarda
탈격	benden	senden	ondan	bizden	sizden	onlardan

4. 의문대명사 kim

Bu bey *kim*?
부 베이 킴?

이 사람(분)은 누구입니까

Bu bey Kemal.
부 베이 케말

이분은 케말씨입니다.

의문대명사	kim	ne	nere	kaçı
주격	kim	ne	nere(si)	kaçı
소유격	kimin	ne-y-in	nere-n-in	kaçı-n-ın
목적격	kimi	ne-y-i	nere-y-i	kaçı-n-ı
여격	kime	ne-y-e	nere-y-e	kaçı-n-a
처격	kimde	nede	nerede	kaçı-n-da
탈격	kimden	neden	nereden	kaçı-n-dan

표현 따라하기 2-2

1. 지시대명사의 활용

Bu adam kim? 부 아담 킴	이 사람은 누구입니까?
Bu adam doktor. 부 아담 독토르	이 사람은 의사입니다.
O beyin adı Kemal. 부 베인 아드 케말	그 분의 이름이 케말입니다.
Bu bayanın adı Emine mi? 부 바야는 아드 에미네 미?	이 여성의 이름이 에미네입니까?
Onlar şarkıcı(dırlar). 온라르 사르크즈(드르라르)	그들은 가수입니다.
Burası Kore. 부라스 코레	이곳은 한국이다.
Burası Seul. 부라스 서울	이곳은 서울이다.
Orası İstanbul. 오라스 이스탄불	그곳은 이스탄불이다.
Burası Çin. 부라스 친	이곳은 중국이다.
O, çok güzel. 오 촉 귀젤	이것은 매우 좋다.
Bu, güzel değil. 부 귀젤 데으일	이것은 좋지 않다.

2. 부정어 değil은 명사나 형용사(명사/형용사) 뒤에 쓴다.

Bu kitap pahalı mı? 부 키탑 파할르 므	이 책 비싼가요?
Hayır, bu kitap pahalı değil. 하이으르 부 키탑 파할르 데으일	아니오, 이 책이 비싸지 않습니다.
O kahve şekerli mi? 오 카흐웨 쉐케를리 미	그 커피 단가요?

Hayır, o kahve şekerli değil. 아니오, 그 카피가 달지 않아요.
하이으르 오 카흐웨 쉐케를리 데으일

Bu su çok şoğuk mu? 그 물 아주 차가운가요?
부 수 촉 소욱 무

Hayır, bu su çok şoğuk değil. 아니오, 이 물이 매우 차갑지 않아요.
하이으르 부 수 촉 소욱 데으일

O limonata çok ekşi mi? 그 레몬주스 아주 신가요?
오 리모나타 촉 엑쉬 미

Hayır, O limonata çok ekşi değil. 아니오, 그렇게 시지 않아요.
하이으로, 오 리모나타 촉 엑쉬 데으일

2. 직업 말하기

Ben öğretmenim. 나는 교사입니다.
벤 웨레트메님

O Bayan öğretmen. 그 여자는 선생님/교사입니다.
오 바얀 웨레트멘

O öğrenci. 그는 학생입니다.
오 웨렌지

O bayan hemşire. 그 여자는 간호사입니다.
오 바얀 헴쉬레

O devlet memuru. 그는 공무원입니다.
오 데브렛 메무루

Ben çiftçiyim. 나는 농부입니다.
벤 치픗치임

Siz itfaiyecisiniz. 당신은 소방관입니다.
시즈 이트화이예지시니즈

Sen askersin. 너는 군인이다.
센 아스케르신

- 은행원 Banka Memuru
  방카 메무루
- 의사 Doktor
  독토르
- 치과의사 diş hekimi
  디쉬 헤키미

• 교사	öğretmen 웨레트멘
• 경영자	idareci 이다레지
• 건축가	mimar 미마르
• 주부	ev hanımı 에브 하느므
• 퇴직자(공무원)	emekli memur 에멕리 메무르
• 언론인	gazeteci 가제테지

3. 국가, 사람

Kore 코레	한국	Koreli 코렐리	한국인
Japonya 자폰야	일본	Japon 자폰	일본인
Almanya 알만야	독일	Alamn 알만	독일인
Çin 친	중국	Çinli 친리	중국인
Amerika 아메리카	미국	Amerikalı 아메리카르	미국인
İngiltere 잉길테레	영국	İngiliz 잉길리즈	영국인
Rusya 루시야	러시아	Rus 루스	러시아인
Fransa 프랑사	프랑스	Fransız 프랑스즈	프랑스인
Hindistan 힌디스탄	인도	Hintli 힌트리	인도인
İspanya 이스파냐	스페인	İspanyol 이스판욜	스페인인

4. 부정할 때

Hayır! 하이으르	아니오.
Olmaz! 올마즈	안돼/안돼요.
Mümkün değil! 뮘퀸 데으일	가능하지 않아오!
Öyle değil. 외일레 데으일	그렇지 않아요.
Öyle düşünmüyorum. 외일레 뒤쉰뮈요룸	그렇게 생각하지 않아요.(나는)
Kesinlikle öyle değil. 케신릭레 외일레 데으일	결코, 그렇지 않아요.
Sanmıyorum. 산므요룸	그렇게 생각하지 않아요.(나는)
Bilmiyorum. 빌미요룸	몰라요.(나는)
O gerçek değil. 오 게르첵 데으일	그것은 사실이 아니예요.
O doğru değil. 오 도으루 데으일	그것은 맞지 않아요.

4단계

문제 풀기

I. 다음 빈칸에 알맞은 말을 넣으시오.

1. O, __________ mi? (그는 한국인입니까?)
2. O, __________ değil (그는 투르크인이 아닙니다.)
3. Bu bey __________? (이 사람(분)은 누구입니까?)
4. Siz __________ siniz. (당신들은 아름답습니다)
5. Siz __________ sınız (당신들은 선생님입니다)
6. Onlar __________ dirler. (그들은 기혼자입니다)
7. Bizöğrtmen __________ (우리들은 선생님입니다)
8. Onlar büyük- __________ (그들은 큽니다)

9. __________ kitap pahalı mı? 이 책 비싼가요?

10. Hayır, bu kitap pahalı __________. 아니오, 그 책이 비싸지 않습니까?

Ⅱ. 다음을 터키어로 옮기시오.

1. 이 사람은 누구입니까?
2. 그 사람은 케말입니다.
3. 이 여성은 간호사입니다.
4. 그 사람은 에미네 씨(여성)입니다.
   그는 교사입니다.
5. 이 사람은 소방관입니다.

정 답

Ⅰ. 1. Koreli 2. Türk 3. kim 4. güzel 5. hoca
6. evli 7. iz 8. türler 9. Bu 10. değil.

Ⅱ. 1. Bu bey kim?
2. O bey Kemal.
3. Bu bayan hemşire(dir).
4. O bayan Emine Hanım(dır). O öğretmen
5. Bu adam itfaiyeci.

Ders 3

Bu nedir?

이것은 무엇입니까?

3-1

Bu nedir?
부 네디르

Bu bir tükenmez kalem.
부 비르 튀켄메즈 칼렘

O tükenmez kalem yeni.
부 튀켄메즈 칼렘 예니

Bu nedir?
부 네디르

Bu bir çanta.
부 비르 찬타.

Bu çanta çok kullanışlı.
부 찬타 촉 쿨란으쉬르

Bu nedir?
부 네디르

Bu bir kitap(tır). * -tır : 3인칭 접미동사 어미, 종종 생략된다.
부 비르 키탑트르

Bu kitap enteresan.
부 키탑 엔테레산

Bu nedir?
부 네디르

Bunlar defterler.
분라르 데프테르레르

Bu defterler ucuzdur.
부 데프테르레르 우주즈두르

이것은 무엇입니까?
이것은 볼펜입니다.
그 볼펜은 새 것입니다.

이것은 무엇입니까?
이것은 가방입니다.
이 가방은 매우 실용적입니다.

이것은 무엇입니까?
이것은 책입니다.
이 책은 재미있습니다.

이것은 무엇입니까?
이것은 공책들입니다.
이 공책들은 저렴합니다.

단어 익히기

- ne 네 — 무엇
- Bu 부 — 이것(지시대명사)
- tükenmez kalem 튀켄메즈 칼렘 — 볼펜
- yeni 예니 — 새로운
- kitap 키탑 — 책
- enteresan 엔테레산 — 재미있는, 흥미있는
- çanta 찬타 — 가방
- kullanışlı 쿨란으쉬르 — 실용적인
- defter(ler) 데프테르레르 — 공책들 * -ler: 복수형 어미
- ucuz 우주즈 — 싼, 저렴한

학용품 이름	
tükenmez kalem	볼펜
kalem	연필
kompas	컴퍼스
dolmakalem	만년필
yapıştırıcı	풀
silgi	지우개
kalemtıraş	연필깍기
zımba	스테플러(호치키스
kalemlik	필통
defter	공책
kopya kağıdı	복사용지
cetvel	자
ataş, klips	클립

문법 따라잡기

1. 현재시제(Şimdiki Zaman) : -(İ)yor

a) Olumlu (+) : 긍정형, 동사 어근+현재시제 어미+인칭어미

㉠ öğret(동사어근)+iyor(현재시제어미)-um(1인칭 어미)

(Ben)	*fiil*+**-(İ)yorum**	→ (Ben)öğret-iyor-um.	나는 가르친다
(Sen)	*fiil*+**-(İ)yorsun**	→ (Sen)öğren-iyor-sun.	너는 배운다
(O)	*fiil*+**-(İ)yor**	→ (O) gül-üyor.	그는 웃는다
(Biz)	*fiil*+**-(İ)yoruz**	→ (Biz) gel-iyor-uz.	우리는 옵니다
(Siz)	*fiil*+**-(İ)yorsunuz**	→ (Siz) otur-uyor-sunuz.	당신은 앉습니다
(Onlar)	*fiil*+**-(İ)yorlar**	→ (Onlar) al-ıyor-lar	그들은 받습니다

İ=a, ı → ı; e, i → i; o, u → u; ö,ü → ü

[설명]

İ=a, ı → ı 동사(*fiil*) 어근이 모음 a, ı로 끝나면 현재시제형 어미는 -**ı**yor가 된다.

e, i → i 동사(*fiil*) 어근이 모음 e, i로 끝나면 현재시제형 어미는 -**i**yor가 된다.

o, u → u 동사(*fiil*) 어근이 모음 o, u로 끝나면 현재시제형 어미는 -**u**yor가 된다.

ö, ü → ü 동사(*fiil*) 어근이 모음 ö, ü로 끝나면 현재시제형 어미는 -**ü**yor가 된다.

* 어근이 -t로 끝나는 동사 다음에 현재시제 어미 -iyor, -ıyor, -uyor, -üyor 가 올 경우 -t가 -d로 바뀐다.

gi**t**mek	gi***d***-iyor-
e***t***mek	e***d***-iyor-
ta***t***mak	ta***d***-ıyor-

* 어근이 모음으로 끝나는 동사는 어근의 모음이 탈락하고 -iyor가 붙는다.

d*e*mek　　d-*i*yor-
y*e*mek　　y-*i*yor-

b) Olumsuz (-) : 부정형, 동사 어근+부정형 어미+현재시제 어미+인칭어미

㊕ öğret(동사어근)+mi(부정형 어미)+iyor(현재시제어미)-um(1인칭 어미)

주의 : mi(부정형 어미)+iyor(현재시제어미) → miyor가 된다.

(Ben)	*fiil*+ **-mİyorum**	→ (Ben)öğretmiyorum.
(Sen)	*fiil*+ **-mİyorsun**	→ (Sen)öğrenmiyorsun.
(O)	*fiil*+ **-mİyor**	→ (O) gülmüyor.
(Biz)	*fiil*+ **-mİyoruz**	→ (Biz) gelmiyoruz.
(Siz)	*fiil*+ **-mİyorsunuz**	→ (Siz) oturmuyorsunuz.
(Onlar)	*fiil*+ **-mİyorlar**	→ (Onlar) almıyorlar.

İ=a, ı → ı; e, i → i; o, u → u; ö,ü →ü

2. 의문형 어미(Soru Eki) : mİ? (mı? / mi? / mu? / mü?)

의문형 어미는 mı? / mi? / mu? / mü?로 앞에 있는 모음에 따라 4개로 변화한다.

a, ı → **mı?**
e, i → **mi?**
o, u → **mu?**
ö,ü → **mü?**

Sınıfta öğrenci var mı? 스느프타 웨으렌지 와르 므	교실에 학생이 있어요?
Ahmet memur mu? 아흐메트 메무르 무	아흐메트는 사무원입니까?
Lee, Türk mü? 리, 튀르크 뮈	리(Lee)는 터키인입니까?
O, İstanbul'a gidiyor mu? 오 이스탄불라 기디요르 무	그는 이스탄불에 갑니까?
O, öğrenci mi? 오 웨렌지 미	그는 학생입니까?

3. Evet, Hayır 대답하기

Evet는 긍정의 대답에, Hayır는 부정의 대답에 쓰는 말이다.

Bu bir kalem mi? 부 비르 칼렘 미	이것은 연필입니까?
- Evet, o bir kalem. 에웨트, 오 비르 칼렘	예, 그것은 연필입니다.
Bu bir tükenmez kalem mi? 부 비르 튀켄메즈 칼렘 미	이것은 볼펜입니까?
- Hayır, o bir kalem. 하이으르, 오 비르 칼렘	아니오, 그것은 연필입니다.
O Bayan öğretmenin boyu uzun mu? 오 바얀 웨레트메닌 보이우 우준 무	그 여선생님의 키가 큽니까?
- Hayır, o öğretmenin boyu kısa. 하이으르 오 웨레트메닌 보이우 크사	아니오, 그 선생님의 키가 작아요.
O kitap kalın mı? 오 키탑 칼른 므	그 책은 아주 두꺼운가요?
- Hayır, o kitap ince. 하이으르 오 키탑 인제	아니오, 그 책은 얇아요.

* 긍정의 대답을 할 때

Evet doğru. 에웨트 도우르	예, 맞아요.
Doğru. 도우르	맞아요.
Tamam. 타맘	확실해요.
Tabii. 타비	물론입니다.
Öyle. 외일레	그런 것 같아요.
Öyle düşünüyorum 외일레 뒤쉬뉘요룸	그렇게 생각해요(나는).
Belki öyle. 벨키 외일레	아마도 그런 것 같아요.

4. 형용사

büyük 큰	küçük 작은	ince 얇은	kalın 두꺼운
pahalı 비싼	ucuz 저렴한	yeni 새로운	eski 낡은, 오래된
nazik 친절한	yorgun 피곤한	neşeli 명랑한	kızgın 화난

3단계

표현 따라하기 3-2

1. 이것은 무엇입니까?

Bu, ne? 부 네	이것은 무엇입니까?
Bu, bir tükenmez kalem. 부 비르 튀켄메즈 칼렘	이것은 볼펜입니다.
Bu tükenmez kalem yeni. 부 튀켄메즈 칼렘 예니	그 볼펜은 새 것입니다.
Bu, bir kitap. 부 비르 키탑	이것은 책입니다.
Bu, kitap enteresan. 부 키탑 엔테레산	이 책은 재미있습니다.
Bu, bir gözlük. 부 비르 괴즈뤽	이것은 안경입니다.
Bu gözlük yeni. 뷔 괴즈뤽 예니	이 안경은 새 것입니다.
Bunlar defterler. 분라르 데프테르레르	이것은 공책들입니다.
Bu defterler kullanışlı. 부 데프테르레르 쿨란우쉬르	이 공책들은 실용적입니다.
Bu tükenmez kalem çok pahalı mı? 뷔 튀켄메즈 칼렘 촉 파할르 므	이 볼펜은 아주 비싼가요?
- Hayır, o çok pahalı değil. 하이으르 오 촉 파할르 데으일	아니오, 그것은 매우 비싸지 않아요.
Bu defter çok büyük mü? 부 데프테르 촉 뷔이윅 뮈	이 공책이 너무 큰가요?

- Hayır, o defter o kadar büyük değil.
하이으르, 오 데프테르 오 카다르 뷔이윅 데으일

아니오, 그 공책이 그렇게 크지는 않아요.

Bu tükenmez kalem yeni mi? 이 볼펜 새 것입니까?
부 튀켄메즈 칼렘 예니 미

- Evet, o yeni. 예, 그것은 새 것입니다.
에웨트, 오 예니

Bu çanta kullanışlı mı? 이 가방 실용적인가요?
부 찬타 쿨란우쉬르 무

- Evet, bu çok kullanışlı. 예, 그것은 아주 실용적이예요.
에웨트, 부 촉 쿨란우쉬르

Bu kalemlik pahalı mı? 이 필통 비쌉니까?
부 칼렘릭 파할르 므

- Hayır, o ucuz. 아니오, 그것은 저렴합니다.
하이으르, 오 우주즈

Bu defter çok büyük mü? 이 공책이 너무 큰가요?
부 데프테르 촉 뷔이윅 뮈

- Hayır o çok büyük değil. 아니오, 그것은 아주 크지는 않아요.
하이으르, 오 촉 뷔이윅 데으일

O hanım nazik mi? 저 여자는 친절한가요?
오 하늠 나직 미

- Evet, o hanım çok nazik. 예, 그 여자는 아주 친절해요.
에웨트, 오 하늠 촉 나직

2. 이..., 그 ...

Orada bir öğrenci var. 저기 한 학생이 있습니다.
오라다 비르 웨렌지 와르

O öğrenci çalışkan. 그 학생은 부지런합니다.
오 웨렌지 찰으쉬칸

Orada bir bayan var. 저기 한 여자가 있습니다.
오라다 비르 바얀 와르

O bayan Koreli. 그 여자는 한국인입니다.
오 바얀 코렐리

O bayan çalışkan. 그 여자는 부지런합니다.
오 바얀 찰으쉬칸

Bunlar çocuklar. 이들은 어린이들입니다.
분라르 초죽라르

Bu çocuklar sevimli. 이 어린이들은 귀여워요.
부 초죽라르 세윔리

Onlar henüz küçük. 그들은 아직 작습니다.
온라르 헤뉘즈 퀴췩

문제 풀기

I. 빈칸에 알맞은 인칭대명사를 넣으시오

1. Kemal çok çalışkan mı? __________ Evet, __________ çalışkan.
2. __________ öğrencisin.
3. __________ yorgunum.
4. __________ naziksiniz.
5. __________ çalışkanız.

II. 다음 빈칸에 알맞은 접미동사 어미를 넣으시오.

1. Siz evli __________.
2. Ayşe müdür __________.
3. Sen çocuk __________.
4. Siz çalışkan __________.
5. Ben çok hasta __________.
6. Biz öğretmen __________.
7. Biz iyi __________.
8. Ben iyi __________.
9. Sen iyi __________.

정답

I. 1. o 2. Sen 3. Ben 4. Siz 5. Biz

II. 1. siniz 2. dür 3. sun 4. sınız 5. y-ım
6. iz 7. y-iz 8. y-im 9. sin

Ders 4

Nerelisiniz?

당신은 어느 나라 사람인가요?

4-1

Nereden geldiniz?
네레덴 겔디니즈

Kore'den geldim.
코레덴 겔딤

Nerede oturuyorsunuz?
네레데 오투루요르수누즈

Çankaya'da oturuyorum.
찬카야다 오투루요룸

Nerelisiniz?
네렐리시니즈

Kore'den geldim. Seul'den.
코레덴 겔딤. 세울덴

Çin'den geldiniz mi?
친덴 겔디니즈 미

Hayır, Kore'den geldik.
하이으르. 코레덴 겔딕

Minci burada ne yapıyor?
민지 부라다 네 야프요르

O, Türkçe öğreniyor.
오, 튀르크체 웨으레니요르

어느 나라에서 오셨습니까?
저는 한국에서 왔습니다.
당신은 어디에 살고계십니까?
저는 찬카야에서 살아요.
당신은 어느 나라 사람인가요?
나는 한국에서 왔어, 서울에서.
너희들은 중국에서 왔니?
아니, 우리는 한국에서 왔어.
민지는 여기서 뭐하니?
그 애는 터키어를 배워.

단어 익히기

- Nereden 어디서, 어디에서, 어디로부터
  네레덴
- gelmek 오다
  겔멕
- Siz 당신
  시즈
- -den (탈격어미) ...에서, ...로부터
  -덴
- Kore 한국
  코레
- oturmak 살다, 거주하다
  오투르막
- -e (여격어미)...에
  -에
- Siz 너희들(인칭대명사 복수 2인칭)
  시즈
- Çin 중국
  친
- Ne 무엇
  네
- yapmak 하다, 만들다
  야프막
- öğrenmek 배우다
  웨으렌맥

문법 따라잡기

1. 현재 동사 gelmek(오다)의 변화

단 수			복 수		
gel	**-iyor**	-um	gel	**-iyor**	-uz
gel	**-iyor**	-sun	gel	**-iyor**	-sunuz
gel	**-iyor**		gel	**-iyor**	-lar

(1) 동사는 인칭에 따라 어미변화를 한다. 동사의 어간은 gel- 이 된다.

사전에서는 동사원형으로 찾아야 한다. -iyor는 현재시재 어미이고 그 다음에 인칭 어미가 온다.

-um(단수 1인칭), -uz(복수 1인칭)

-sun(단수 2인칭), -sunuz(복수 2인칭)

-(단수 3인칭어미 없음), -lar(복수 어미)

동사원형: 예 gel-mek 오다 git-mek 가다

gitmek의 동사 변화(주의 : gitmek은 git-가 어간이고 git-iyor-um이라고 써야 하지만 터키어에서는 자음 t 다음에 모음이 오면 t는 유성 자음 d로 바뀐다.

gid-iyor-um, **gid-iyor-uz**
gid-iyor-sun, **gid-iyor-sunuz**
gid-iyor, **gid-iyor-lar**

İngiltere‘den geliyor musun?
잉길테레덴 겔리요르 무순
영국에서 오셨습니까?

Evet, İngiltere‘den geliyorum.
에웨트, 잉길테레덴 겔리요룸
예, 저는 영국에서 왔습니다.

Nerede oturuyorsun?
네레데 오투루요르순
너는 어디서 사니?

Seul‘de oturuyorum.
세울데 오투루요룸
나는 서울에 살아.

Oktay nerede oturuyor?
옥타이 네레데 오투루요르
옥타이는 어디에 살지요?

O, Ankarad'a oturuyor. — 그는 부산에 삽니다.
오 앙카라다 오투루요르

Siz burada ne yapıyorsunuz? — 너희들 여기서 무엇을 하니?
시즈 부라다 네 야프요르수누즈

Biz Türkçe öğreniyorum. — 우리는 터키어를 배워.
비즈 튀르크체 웨으레니요룸

Deniz, sen burada ne yapıyorsun? — 데니즈, 너 여기서 무엇을 하니?
데니즈, 센 부라다 네 야프요르순

Ben şarkı söylüyorum. — 나는 노래를 부른다.
벤 샤르크 쇠이뤼요룸

단어 yapmak 하다, 만들다, öğrenmek 배우다, şarkı söylemek 노래 부르다

3단계

표현 따라하기 4-2

Nereden geldiniz? — 당신은 어디서 오셨습니까?
네레덴 겔디니즈

O hangi ülkeden gelmiş? — 그는 어느 나라에서 왔나요?
오 한기 윌케덴 겔미쉬

Siz nerelisiniz? — 너희들은 어느 나라에서 왔니? (당신은 어느 나라 사람인가요?)
시즈 네렐리시니즈

Kore'den geldim. — 저는 한국에서 왔습니다.
코레덴 겔딤

O Amerika'dan geldi. — 그는 미국에서 왔습니다.
오 아메리카단 겔디

Biz Çin'den geldik. — 우리는 중국에서 왔습니다.
비즈 친덴 겔딕

Nerede oturuyorsun? — 너는 어디 사니?
네레데 오투르요르순

Nerede kalıyorsunuz? — 어디 사십니까?
네레데 칼르요르수누즈

Nerede oturuyorsunuz? — 당신들은 어디 사나요?
네레데 오투르요르수누즈

Hasan Bey, nerede kalıyor?
하산 베이, 네레데 칼르요르
하산 씨는 어디에 살고 있나요?

(Ben) Ankara'da oturuyorum.
(벤) 앙카라다 오투루요룸
나는 앙카라에서 살고 있습니다.

(Biz) Ankara'da oturuyoruz.
(비즈) 앙카라다 오투루요루즈
우리는 앙카라에서 살고 있어요.

(Siz) Ankara'da oturuyorsunuz.
(시즈) 앙카라다 오투루요루수누즈
당신은 앙카라에서 살고 있습니다.

(O) Ankara'da oturuyor.
(오) 앙카라다 오투루요르
그는 앙카라에서 살아요.

(Onlar) Ankara'da oturuyorlar.
(온라르) 앙카라다 오투루요르라르
그들은 앙카라에서 살아요.

Ne yapıyorsunuz?
네 야프요르순
당신은 무엇을 하십니까?

Ne iş yapıyorsunuz?
네 이쉬 야프요르순
당신은 무슨 일을 하십니까?

Mesleğiniz ne?
메스레으이니즈 네
당신의 직업이 무엇입니까?

Burada ne yapıyorsun?
부라다 네 야프요르순
너는 여기서 무엇을 하니?

Ben Türkçe öğreniyorum.
벤 튀르크체 웨으레니요룸
나는 터키어를 배웁니다.

Ben öğrenciyim.
벤 웨으렌지임
저는 학생입니다.

Öğretmenim.
웨으레트메님(터키어에서는 주어를 대체로 생략하고 동사 어미로 인칭을 나타낸다.)
저는 교사입니다.

Hakan'ın boyu uzun.
하카는 보이우 우준
하칸은 키가 크다.

Emine çok güzel.
에미네 촉 귀젤
에미네는 예쁘다.

Onlar nazik miler?
온라르 나직 미레르
그들은 친절하니?

Siz naziksiniz.
시즈 나직시니즈
당신은 친절하다.

칭찬하기

Güzel!
귀젤
아름다워!

Aferin!
아훼린

잘했군!

Çok güzel!
촉 귀젤

정말 좋구나.

Çok iyi!
촉 이이

정말 좋구나.

Bravo!
브라보

좋다

İyi yapmışsın!
이이 야프므쉬슨

잘했어.

Mükemmel!
뮈켐멜

훌륭해.

Fantastik!
환타스틱

환상적이야.

En iyi!
엔 이이

최고야.

Süper!
수페르

끝내주는군, 최고야.

Harika!
하리카

멋있어.

Son derece güzel!
손 데레제 귀젤

그거 정말 훌륭하구나.(최고로)

Çok iyi yapıyorsun!
촉 이이 야프요르순

너 정말 잘하는구나.

Çok naziksiniz!
촉 나직시니즈

정말 친절하십니다.

Çok güzelsiniz!
촉 귀젤시니즈

대단히 아름답습니다.

Siz çok güzelsiniz!
시즈 촉 귀젤시니즈

당신 정말 멋져 보여요.

Türkçe iyi konuşuyorsunuz!
튀르크체 이이 코쿠쉬요르수누즈

당신 터키어를 참 잘하는군요.

기쁨을 나타내는 말

Bravo!
브라보

잘한다!

Harika!
하리카

멋져.

Çok iyi! 촉 이이	좋았어.
Fantastik! 환타스틱	좋아./멋져/멋져요.
Ne kadar güzel! 네 카다르 귀젤	좋아.
Çok iyi olmuş! 촉 이이 올무쉬	잘됐어.

4단계

문제 풀기

Ⅰ. 다음 빈칸에 알맞은 동사어미를 넣으시오.

1. (Ben) Ankara'da oturuyor ____________
   나는 앙카라에 거주합니다.
2. (Biz) Ankara'da oturuyor ____________
3. (Siz) Ankara'da oturuyor ____________
4. (O) Ankara'da oturuyor ____________
5. (Onlar) Ankara'da oturuyor ____________
6. (Sen) Ankara'da oturuyor ____________

Ⅱ. 다음 빈칸에 알맞은 동사 어간을 넣으시오.

1. İngiltere'den ____________ iyor musun?
   영국에서 오셨습니까?
2. Burada ne ____________ ıyorsun?
   여기에서 무엇을 하니?
3. Türkçe iyi ____________ uyorsunuz!
   터키어를 잘 하십니다!
4. Türkçe ____________ iyorum.
   나는 터키어를 배웁니다.
5. Hasan Bey, nerede ____________ ıyor?
   하산 씨는 어디에 살고 있나요?

6. Ben şarkı ______________ üyorum.
나는 노래를 부른다.

Ⅲ. 다음 빈칸에 알맞은 단어를 넣으시오.

1. ______________ oturuyorsun?
너는 어디 사니?
2. Hasan Bey, ______________ kalıyor?
하산 씨는 어디에 살고 있나요?
3. Ne ______________ yapıyorsunuz?
무슨 일을 하십니까?
4. ______________ ne?
당신의 직업이 무엇입니까?
5. ______________ ne yapıyorsun?
너는 여기서 무엇을 하니?
6. O, ______________ öğreniyor.
그는 터키어를 배운다.

정 답

Ⅰ.	1. um	2. uz	3. sunuz	4. 없음	5. lar
	6. sun				
Ⅱ.	1. gel	2. yap	3. konuş	4. öğren	5. kal
	6. söyle				
Ⅲ.	1. Nerede	2. nerede	3. iş	4. Mesleğiniz	
	5. Burada	6. Türkçe			

Ders 5

Benim adım Hakan

내 이름은 하칸입니다.

5-1

Merhaba. Benim adım Hakan.
메르하바 베님 아듬 하칸

Affedersiniz. Tekrar söyler misiniz?
아훼데르시니즈. 테크라르 쇠이레르 미시니즈

Benim adım Hakan. Ben şirkette çalışıyorum.
베님 아듬 하칸. 벤 쉬르켓테 찰으쉬요룸

Merhaba Hakan. Benim adım Min-Su Kim.
메르하바 하칸. 베님 아듬 민수 김

Ben de öğrenciyim.
벤 데 웨으렌지임

Min-su, burada ne yapıyorsun?
민수, 부라다 네 야프요르순

Türkçe öğreniyorum.
튀르크체 웨으레니요룸

Min-su, Senin için Türkçe zor mu?
민수, 세닌 이친 튀르크체 조르 무

Evet benim için Türkçe çok zor.
에웨트 베님 이친 튀르크체 촉 조르

안녕하세요, 내 이름은 하칸입니다.
실례합니다. 다시 말씀해 주시겠어요?
내 이름은 하칸입니다, 나는 회사에서 일합니다.
안녕하세요, 하칸. 내 이름은 김민수입니다.
나는 학생입니다.
민수, 여기에서 무엇을 합니까?
나는 터키어를 배우고 있어요.
민수, 당신에게 터키어가 어려워요?
네, 내게는 터키어가 어렵습니다.

단어 익히기

• Adım 아듬	내 이름
• Affedersiniz. 아훼데르시니즈	미안합니다, 실례합니다
• tekrar 테크라르	다시
• söyler misiniz? 쉐이레르 미시니즈	말해주시겠어요?
• şirkette 쉬르켓테	회사에서
• çalışıyorum 찰으쉬요룸	나는 일합니다
• öğrenci 웨으렌지	학생
• burada 부라다	이곳에서
• ne yapıyorsun? 네 야프요르순	무엇을 하니(너는)
• Türkçe 튀르크체	터키어
• öğreniyorum 웨으레니요룸	배운다(나는)
• senin için 세닌 이친	네게, 너를 위해서
• zor 조르	어렵다

문법 따라잡기

1. 격어미 : 터키어에서는 여섯 가지 격어미가 있다.

1) 주격 : 없음
2) 소유격 : -(n)İn
3) 목적격 : -(y)İ
4) 여격 : -(y)A
5) 처격 : -DA
6) 탈격 : -DAn

1) 주격어미: 없음.

2) İlgi Durumu Eki(소유격어미): -(n)İn:-(n)ın, -(n)in, -(n)un, -(n)ün

a, ı ⇒ -(n)ın, e,i ⇒ -(n)in, o,u ⇒ -(n)un, ö,ü ⇒ -(n)ün

여격어미는 앞에 오는 모음에 따라 **-ın, -in, -un, -ün**이 오고 앞의 단어가 모음으로 끝나면 모음충돌을 막기 위해 개입자음**(n)**이 들어간다:

-(n)ın, -(n)in, -(n)un, -ün

ev-in	**adam-ın**	**okul-un**	**göz-ün**
çanta-nın	**sinema-nın**	**masa-nın**	**Türkiye-nin**

* 인칭대명사에 소유격어미를 붙이면 다음과 같다.

ben	**benim**
sen	**senin**
o	**onun**
biz	**bizim**
siz	**sizin**
onlar	**onların**

3) Belirtme(목적격어미): -(y)İ:-(y)ı, -(y)i, -(y)u, -(y)ü

a, ı -(y)ı; e, i -(y)i; o, u -(y)u; ö, ü -(y)ü

목적격어미는 앞에 오는 모음에 따라 **-ı, -i, -u, -ü**가 오고, 앞의 단어가 모음으로 끝나면 모음충돌을 막기 위해 개입자음이 들어간다: **-(y)ı, -(y)i, -(y)u, -(y)ü**

ev-i, sinema-y-ı, ok*u*l-u, otobüs-ü

* 인칭대명사에 목적격어미를 붙이면 다음과 같다.

ben	**beni**
sen	**seni**
o	**onu**
biz	**bizi**
siz	**sizi**
onlar	**onları**

4) Yönelme Durumu Eki(여격 어미): -(y)A: -(y)a, -(y)e

a, ı, o, u ⇒ **-(y)a,** 단어의 마지막 모음이 **a, ı, o, u**이면 격어미를 **a**를 사용하고 단어가 모음으로 끝나면 모음 충돌을 막기 위해서 개입자음 **-y**를 집어 넣는다.

e, i, ö, ü ⇒ **-(y)e,** 단어의 마지막 모음이 **e, i, ö, ü**이면 격어미를 **e**를 사용하고 단어가 모음으로 끝나면 모음 충돌을 막기 위해서 개입자음 **-y**를 집어 넣는다.

okul**a**: 단어의 마지막 모음이 u이므로 여격어미 a를 사용함
dershane**ye**: 단어가 모음 e로 끝났으므로 개입자음 -y를 사용해서 dershane-**y-e**가 됨
sinema**ya**: 단어가 모음 a로 끝났으므로 개입자음 -y를 사용해서 sinema-**y-a**가 됨
İstanbul'**a**: 단어의 마지막 모음이 u이므로 여격어미 a를 사용함
Zeynep'**e**: 단어의 마지막 모음이 e이므로 여격어미 e를 사용함

* 인칭대명사에 여격어미를 붙이면 다음과 같다.

ben	**bana**

sen	**sana**
o	**ona**
biz	**bize**
siz	**size**
onlar	**onlara**

5) Bulunma Durumu Eki(처격어미): -DA: (-da, -de/-ta, -te)

a, ı, o, u ⇒ -Da (-dä-ta): 단어의 마지막 모음이 **a, ı, o, u**이면 -da/-ta

e, i, ö, ü ⇒ **-De (-dë-te):** 단어의 마지막 모음이 **e, i,ö,ü**이면 -de/-te

***telefon*-da, *ev*-de**

***lise-de, Kore*'-de**

***Türkiye*'-de, *Ankara*'-da**

***TÖMER*'-de, konak-ta**(무성자음으로 끝나면 -d가 -t로 바뀐다.)

* 처격 어미 **-da, -de**가 무성자음 **-f, -s, -t, -k, -ç, -ş, -h, -p**에 올 경우에 /**-ta, -te**로 쓰인다.

Son ünsüzler(끝 자음): -f, -s, -t, -k, -ç, -ş, -h, -p + -tA (-ta/-te)

Sını*f*-ta(교실에서), soka*k*-ta(길에서), kar*t*-ta(카드에서), ce*p*-te(주머니에서)

* 인칭대명사에 처격어미를 붙이면 다음과 같다.

ben	**bende**
sen	**sende**
o	**onda**
biz	**bizde**
siz	**sizde**
onlar	**onlarda**

6) Ayrılma Durumu Eki(탈격어미): -DAn : (-dan, -den /-tan, -ten)

a, ı, o, u ⇒ **-Dan (-dan, -tan):** 단어의 마지막 모음이 **a, ı, o, u**이면 -dan/-tan

e, i, ö, ü ⇒ -Den (-den, -ten): 단어의 마지막 모음이 **e, i,ö,ü**이면 -den/-ten

*e*v-**den**, ok*u*l-**dan**
kad*ı*n-**dan**, p*a*rk-**tan**

* **Son ünsüzler**(끝자음): **-f, -s, -t, -k, -ç, -ş, -h, -p+-tAn (-tan/-ten)**

탈격 어미 **-dan, -den**이 무성자음 **-f, -s, -t, -k, -ç, -ş, -h, -p**에 올 경우에 **/-tan, -ten**으로 쓰인다.

sınıf-**tan**, otobüs-**ten**, *İş*-**ten**, soka*k*-**tan**

* 인칭대명사에 탈격어미를 붙이면 다음과 같다.

ben	**benden**
sen	**senden**
o	**ondan**
biz	**bizden**
siz	**sizden**
onlar	**onlardan**

2. 명사수식법

터키어에서 두 개 이상의 명사가 연결되는 경우를 명사수식법이라고 한다. 합성명사는 두 개 이상의 명사들로 구성되는 합성명사 또는 명사군을 이룬다.

한정 명사수식법은 수식명사에 소유격 어미가 붙어서 수식명사에 소속됨을 강조하고, 비한정 명사수식법은 수식명사에 소유격 어미가 붙지 않고 일반화된 합성명사를 의미한다.

다음에 예시된 명사 수식법에서 위의 칸은 한정 명사수식법, 아래 칸은 비한정 명사수식법을 보여주고 있다.

araba renk	⇒	arabanın rengi	자동차의 색깔
ev bahçe	⇒	evin bahçesi	집의 정원
ayakkabı fiyat	⇒	ayakkabının fiyatı	신발의 가격
tavuk kilo	⇒	tavuğun kilosu	닭의 킬로
gül renk	⇒	gülün rengi	장미의 색깔
okul kapı	⇒	okulun kapısı	학교의 문
çiçek koku	⇒	çiçeğin kokusu	꽃의 냄새
sınıf kapı	⇒	sınıfın kapısı	교실의 문
Osman çanta	⇒	Osmanın çantası	오스만의 가방
okuma kitap	⇒	okuma kitabı	일기책
yatak oda	⇒	yatak odası	침실
masa örtü	⇒	masaörtüsü	책상보
yemek masa	⇒	yemek masası	식탁
cumartesi gün		cumartesi günü	토요일

3 단계

표현 따라하기 5-2

1. 어디서 ...

Nerede çalışıyorsunuz? — 당신은 어디서 일 하십니까?
네레데 찰으쉬요르수누즈

Şirkette çalışıyorum. — 저는 회사에서 일합니다.
쉬르켓테 찰으쉬요룸

O çok çalışıyor. — 그는 부지런히 일합니다.
오 촉 찰으쉬요르

Çok çalışıyor musun? — 너는 열심히 공부하니?
촉 찰으쉬요르 무순

Nerede okuyorsun? — 너는 어디에서 공부하니?
네레데 오쿠요르순

2. 이름이 어떻게 되요?

Adınız ne?/Adın ne? — 성함이 어떻게 되십니까?/이름이 뭐죠?
아드느즈 네?/아든 네?

Adım Özkan
아듬 외즈칸

저는 외즈칸입니다.

Merhaba! Adım Minsu.
메르하바 아듬 민수

안녕, 난 민수라고 해.

Adın ne?
아든 네

네 이름은 뭐니?

Onun adı ne?
오눈 아드 네

그 사람 이름이 뭐니?

Adı Mustafa.
아드 무스타화

그의 이름은 무스타파.

Adın ne?
아든 네

네 이름이 뭐니?

Adım Kemal.
아듬 케말

내 이름은 케말.

– 이름 묻기 표현 –

İsminiz ne?
이스미니즈 네

당신의 이름은 무엇입니까?

Afferdesiniz. Adınız ne?
아훼데르시니즈 아드느즈 네

죄송합니다. 당신의 이름은 무엇입니까?

Afferdesiniz Soyadınız ne?
아훼데르시니즈 소이아드느즈 네

죄송합니다. 성이 뭐라고 하셨지요?

Adınızı bir kere daha söyleyebilir misiniz?
아드느즈 비르 케레 다하 쇠일레예빌리르 미시니즈

성함을 한 번 더 말씀해 주시겠습니까?

İsmim Minsu.
이스밈 킴

제 이름은 민수라고 합니다.

Adım Minsu.
아듬 킴

제 이름이 민수입니다.

Soyadım Kim.
소이아듬 킴

나의 성은 김입니다.

Onun adı Murat.
오눈 아드 무라트

그의 이름은 무라트입니다.

3. 어떻게 생각합니까?

Bu resmi nasıl düşünüyorsunuz?
부 레스미 나슬 뒤쉬니요르순누즈
당신은 이 그림을 어떻게 생각하십니까?

O resim çok güzel.
오 레심 촉 귀젤
그 그림이 아주 멋지군요.

Bu gömleği nasıl düşünüyorsunuz?
부 굄레이 나슬 뒤쉬니요르순누즈
당신은 이 셔츠를 어떻게 생각하십니까?

O gömlek harika.
오 굄렉 하리카
그 셔츠가 훌륭합니다.

O adamı nasıl düşünüyorsunuz?
오 아다므 나슬 뒤쉬니요르순누즈
저 남자를 어떻게 생각하십니까?

O adam çok nazik.
오 아담 촉 나직
그 사람은 매우 친절하다.

Bu postakartını nasıl düşünüyorsun?
부 포스타카르트느 나슬 뒤쉬니요르순
너는 이 그림엽서를 너는 어떻게 생각하니?

O postakartı çok değerli.
오 포스타카르트 촉 데에르리
그 그림엽서는 아주 귀한 것이지.

4. 실례합니다

Afferdesiniz!
아훼데르시니즈
죄송합니다.

Özür dilerim!
외쥐르 딜레림
죄송합니다.

Kusura bakmayın!
쿠수라 바크마이은
용서해 주세요.

Pardon!
파르돈!
죄송합니다.

사과를 받아주는 표현

Bir şey değil!
비르 쉐이 데으일
괜찮습니다.(아무것도 아닙니다.)

Problem değil!
프로블렘 데으일

별 문제가 아닙니다.

Önemli değil!
웨넴리 데으일

중요하지 않습니다.

Zararı yok!
자라르 욕

피해가 되지 않습니다.

4단계

문제 풀기

Ⅰ. 다음 명사에 알맞은 소유격 어미를 넣으시오.

1. ev 2. adam 3. okul 4. göz
5. çanta 6. sinema 7. masa 8. Türkiye

Ⅱ. 다음 명사에 알맞은 목적격 어미를 넣으시오.

1. ev 2. sinema 3. okul 4. otobüs
5. Türkiye

Ⅲ. 다음 명사에 알맞은 여격 어미를 넣으시오.

1. okul 2. dershane 3. sinema 4. İstanbul
5. Zeynep

Ⅳ. 다음 명사에 알맞은 처격 어미를 넣으시오.

1. Telefon 2. ev 3. lise 4. Kore
5. Türkiye 6. Sınıf 7. sokak 8. cep

Ⅴ. 다음 동사를 가시적 과거시제(긍정)로 변화시키시오.

1. görüşmek 2. tanışmak 3.öğrenmek

정 답

Ⅰ.	1. -in	2. -ın	3. -un	4. -ün	5. -nın
	6. -nın	7. -nın	8. -nin		
Ⅱ.	1. -i	2. -y-ı	3. -u	4. -ü	5. -'yi
Ⅲ.	1. -a	2. -ye	3. -ya	4. -'a	5. -'e
Ⅳ.	1. -da	2. -de	3. -de	4. -de	5. -de
	6. -ta	7. -ta	8. -te		

Ⅴ. 1. görüştüm, görüştün, görüştü, görüştük, görüştünüz, görüştüler
2. tanıştım, tanıştın, tanıştı, tanıştık, tanıştınız, tanıştılar
3. öğrendim, öğrendin, öğrendi, öğrendik, öğrendiniz, öğrendiler

Ders 6

Elbise Almak İstiyorum

옷을 사기를 원합니다.

6-1

Min-su bir bilgisayara sahiptir.
민수 비르 빌기사야라 사힙티르

O bilgisayar çok iyi çalışır.
오 빌기사야르 촉 이이 찰르쉬르

Ne istersiniz?
네 이스테르시니즈

Bir elbise almak istiyorum.
비르 엘비세 알막 이스티요룸

Bu elbise size yakışır.
부 엘비세 시제 야크쉬르

Hayır, o elbise bana yakışmaz.
하이으르 오 엘비세 바나 야크쉬마즈

Ben Türkçe-Korece sözlük bir tane almak istiyorum.
벤 튀르크체 - 코레제 쇠즈뤽 비르 타네 알막 이스티요룸

Bu sözlük doğru mu?
부 쇠즈뤽 도으루 무

Evet, o sözlüğü alırım.
에웨트 오 쇠즈뤼위 알르름

Ataş almayı ister misin?
아타쉬 알마이으 이스테르 미신

Hayır, şimdi almam.
하이으르 쉼디 알맘

민수는 컴퓨터를 한 대 갖고 있다.
그 컴퓨터는 아주 잘 작동한다.

무엇을 원하십니까?
저는 옷을 사기를 원합니다.
이 옷은 당신에게 어울립니다.
아니오, 그 옷은 제게 어울리지 않습니다.

저는 터-한 사전을 한 권 사려고 합니다.
이 사전이 맞습니까?
네, 그 사전을 사겠습니다.

클립을 사겠습니까?
아니오, 저는 지금 사지 않겠습니다.

1단계

단어 익히기

- ~a sahip (아 사힙) — 가지고 있다, 소유하다
- bilgisayar (빌기사야르) — 컴퓨터
- çalışmak (찰으쉬막) — 작동하다, 일하다
- çalışır (찰으쉬르) — çalışmak의 초월시제 3인칭 단수형, çalış-ır
- istemek (이스테멕) — 원하다, 바라다
- isterim (이스테림) — istemek의 초월시제 1인칭 단수형, iste-r-im
- elbise (엘비세) — 옷

• bu 부	이것 (지시대명사, 지시형용사) 이것
• yakışır 야크쉬르	어울리는
• yakışmak 야크쉬막	어울리다
• yakışmaz 야크쉬마즈	어울리지 않는, yakışmak의 초월시제 부정형
• Türkçe 튀르크체	터키어
• Korece 코레제	한국어
• sözlük 쇠즈뤽	사전
• tane 타네	개, 낱알,
• doğru 도으루	적당한, 옳은
• almak 알막	사다, 구입하다
• alırım 알르름	almak의 초월시제 1인칭 단수형, al-ır-ım
• ataş 아타쉬	클립
• şimdi 쉼디	현재
• almam 알맘	almak의 초월시제 1인칭 단수 부정형 al-ma(부정형 어미)-m(1인칭 어미)

2단계

문법 따라잡기

1. 초월시제 (Geniş Zaman): -r, -Ar, -Ir; 초월시제는 반복되는 동작, 습관 또는 행위에 대해 표현할 때 사용되며 과거, 현재, 미래 시제를 대신할 수 있다.

1) 긍정형

(Ben)	*fiil*+**-(I/A)rIm**	→ (Ben) *gel*-**ir-im** (나는) 온다
(Sen)	*fiil*+**-(I/A)rsIn**	→ (Sen) *dön*-**er-sin** (너는) 돌아온다
(O)	*fiil*+**-(I/A)r**	→ (O) *otur*-**ur** (그는) 앉아있다.
(Biz)	*fiil*+**-(I/A)rIz**	→ (Biz)öğr*en*-**ir-iz** (우리는) 배운다
(Siz)	*fiil*+**-(I/A)rsInIz**	→ (Siz) *yap*-***ar-sınız*** (당신은) 행한다
(Onlar)	*fiil*+**-(I/A)rlar**	→ (Onlar) çalış-**ır-lar** (그들은) 일한다

almak의 초월시제 긍정형

	단수	복수
1인칭,	al-ır-ım	al-ır-ız
2인칭	al-ır-sın	al-ır-sınız
3인칭	al-ır	al-ır-lar

동사 어간이 모음으로 끝나면 초월시제 어미는 r가 붙는다: **-r + kişi eki**(인칭 어미)

㉗ **okumak**

	단수	복수
1인칭,	oku-r-um	oku-r-uz
2인칭	oku-r-sun	oku-r-sunuz
3인칭	oku-r	oku-r-lar

dinlemek

	단수	복수
1인칭,	dinle-r-im	dinle-r-iz
2인칭	dinle-r-sin	dinle-r-siniz

3인칭	dinle-r	dinle-r-ler

동사 어간이 자음으로 끝나면 -ar, -er 가 붙는다: **-ar, -er + kişi eki**(인칭 어미)

㉮ **bakmak**

	단수	복수
1인칭,	bak-ar-ım	bak-ar-ız
2인칭	bak-ar-sın	bak-ar-sınız
3인칭	bak-ar	bak-ar-lar

gülmek

	단수	복수
1인칭,	gül-er-im	gül-er-iz
2인칭	gül-er-sin	gül-er-siniz
3인칭	gül-er	gül-er-ler

그러나 *almak, bilmek, bulmak, gelmek, görmek, kalmak, olmak,ölmek, varmak, vermek, vurmak, sanmak*가 동사 어간이 자음으로 끝났지만 예외적으로 동사 어간의 마지막에 있는 모음에 따라 조화하여 -ir, -ır, -ur, -ür가 붙는다: -ir, -ır, -ur, -ür + **kişi eki**(인칭 어미)

Örnek:

Ben *al*-ır-ım

Sen bil-*ir*-sin

O bul-*ur*

Biz var-ır-ız

Siz ver-ir-siniz

Onlar vur-ur-lar

2) 부정형

(Ben)	*fiil*+**-mAm**	→ (Ben) *gel*-**me-m**
(Sen)	*fiil*+**-mAzsin**	→ (Sen) *dön*-**mez-sin**
(O)	*fiil*+**-mAz**	→ (O) *otur*-**maz**
(Biz)	*fiil*+**-mAyİz**	→ (Biz)*öğren*-**me-y-iz**

(Siz) *fiil*+**-mAzsİnİz** → (Siz) *yap*-**maz-sınız**
(Onlar) *fiil*+**-mAzlar** → (Onlar) *çalış*-**maz-lar**

almak의 초월시제 부정형

	단수	복수
1인칭	al-ma-m	al-ma-y-ız
2인칭	al-maz-sın	al-maz-sınız
3인칭	al-maz	al-maz-lar

3) 긍정의문형

(Ben) *fiil*+-(IA)r mİyİm? → (Ben) *gel***ir mi-y-im**?
(Sen) *fiil*+-(IA)r mİsİn? → (Sen) *dön***er mi-sin**?
(O) *fiil*+-(IA)r mİ? → (O) *otur***ur mu**?
(Biz) *fiil*+-(IA)r mİyİz? → (Biz)öğren**ir mi-y-iz**?
(Siz) *fiil*+-(IA)r mİsİnİz? → (Siz) *yapar* **mı-sınız**?
(Onlar) *fiil*+-(IA)rlar mİ? → (Onlar) çalış**ır-lar mı**?

almak의 초월시제 긍정형

	단수	복수
1인칭,	al-ır-mı-y-ım?	al-ır-mı-y-ız?
2인칭	al-ır-mı-sın?	al-ır-mı-sınız?
3인칭	al-ır mı?	al-ır-lar mı?

표현 따라하기 6-2

1. 무엇을 원하세요?

Ne istersiniz? 당신은 무엇을 원하십니까?
네 이스테르시니즈

Ne istiyorsun? 너는 무엇을 원하니?
네 이스티요르순

Ne arzu edersiniz? 당신은 무엇을 원하십니까?
네 아르주 에데르시니즈

Bu paltoyu ister misiniz?
부 팔토유 이스테르 미시니즈

이 외투를 원하십니까?

Bu tükenmez kalemi ister misin?
부 튀켄메즈 칼레미 이스테르 미시니즈

너는 이 볼펜을 원하니?

Türkçe-Korece sözlük bir tane almak isterim.
튀르크체-코레제 쇠즈뤽 비르 타네 알막 이스테림

저는 터-한 사전을 한 권 사고 싶습니다.

Bir tane kitap almak isterim.
비르 타네 키탑 알막 이스테림

저는 책 한 권을 사고 싶습니다.

Bir fincan kahve içmek arzu ederim.
비르 휜잔 카흐웨 이치멕 아르주 에데림

저는 커피를 한 잔 마시고 싶습니다.

Kahve veya çay içer misin?
카흐웨 웨야 차이 이체르 미신

커피 마실래 아니면 차 마실래?

2. 사무실에 컴퓨터가 하나 있다

Ofiste bir bilgisayar var.
오피스테 비르 빌기사야르 와르

사무실에 컴퓨터가 하나 있다.

Bu çanta ablama aittir.
부 찬타 아블람아 아잇티르

이 가방은 내 누나의 것이다.

Bir tane kalem ve defter alırım.
비르 타네 칼렘 웨 데프테르 알르름

저는 연필 한 자루와 공책 한 권을 삽니다.

Bana bir tane kalem lazım.
바나 비르 타네 칼렘 라즘

나는 볼펜 한 자루가 필요합니다.

3. 그것

Bende bir dolma kalem var.
벤데 비르 돌마 칼렘 와르

나는 만년필 한 자루가 있다.

O, çok güzel.
오 촉 귀젤

그것은 아주 좋다.

Evde bir tane bisiklet var.
에브데 비르 타네 비시클레트 와르

집에 자전거가 한 대 있다.

O, çok yeni.
오 촉 예니

그것은 새 것이다.

Sende fotoğraf makinesi var mı?
센데 호토으라프 마키내시 와르 므

네게 카메라가 있니?

Evet, onu çok severim. 응, 나는 그것을 매우 좋아해.
에웨트 오누 촉 세웨림

Ben bir tane dosya almak isterim.
벤 비르 타네 도스야 알막 이스테림
저는 서류정리철(바인더)을 하나 사고 싶습니다.

Bu dosya iyi mi? 이 바인더 좋습니까?
부 도스야 이이 미

Hayır, O, çok kalın. 아니오, 그것은 너무 두툼합니다.
하이으르 오 촉 칼른

Bu gömlek almayı ister misiniz?
부 굄렉 알마이으 이스테르 미시니즈
당신이 이 블라우스를 사기를 원하십니까?

- Hayır, onu almam. 아니오, 저는 그것을 사지 않겠습니다.
하이으르 오누 알맘

- Evet, onu alırım. O, çok güzel.
에웨트, 오누 알르름. 오 촉 귀젤
예, 그것을 사겠습니다. 그것은 아주 예쁘네요.

4단계

문제 풀기

Ⅰ. 다음 빈칸에 초월시제 어미를 넣어 완성하시오.

1. Annem her gün sabah saat altıda kalk ________.
2. Sen her pazar günü geç saatte kahvaltı yap ________.
3. Ben arkadaşlarımı çok sev ________.
4. Biz sabah erken saatte hareket ed ________.
5. Siz babanızın sözünü iyi dinle ________.
6. Onlar konuşurken her zaman gül ________.

Ⅱ. 다음 빈칸에 초월시제 어미를 넣으시오.

1. Sende fotoğraf makinesi var mı?
   Evet, onu çok sev ________.
2. Ben bir tane dosya almak iste ________.
   Bu dosya iyi mi?

3. Bu gömlek almayı ister misiniz?
- Hayır, onu al ________.
- Evet, onu alırım. O, çok güzel.
4. Bir fincan kahve içmek arzu ederim.
Kahve veya çay iç ________?
5. Bu akşam geç saatte eve gelir misin?
Hayır bu akşam geç kal ________.

Ⅲ. 다음 빈칸에 알맞은 단어를 넣으시오.

1. ________ istersiniz?
무엇을 원하십니까?
2. Bir ________ almak isterim.
옷 사기를 원합니다.
3. Bu elbise size ________.
이 옷은 당신에게 어울립니다.
4. Hayır, o elbise bana ________.
아닙니다, 그 옷은 내게 어울리지 않습니다.
5. Ben Türkçe-Korece sözlük bir tane almak iste ________.
나는 터-한 사전을 한권 사고자 합니다.
6. Evet, o sözlüğü ________.
네, 이 사전을 사겠습니다.

정 답

Ⅰ. 1. -ar 2. -arsın 3. -erim 4. -eriz 5. -rsiniz 6. -erler

Ⅱ. 1. -erim. 2. -rim 3. -mam. 4. -er misin? 5. -mam.

Ⅲ. 1. Ne 2. elbise 3. yakışır 4. yakışmaz. 5. -rim 6. alırım

Ders 7

Ne Yiyorsun?

(너는) 무엇을 먹니?

7-1

Akşamları genellikle lokantalarda yemek yerim.
악샴라르 게넬릭레 로칸타라르다 예맥 예림

Sakarya Caddesindeki bir çok lokanta lezzetli yemekler sunar.
사카리야 잣데신데키 비르 촉 로칸타 레즈제트리 예맥레르 수나르

Bu akşam oradaki lokantalardan birine girdim.
부 악샴 오라다키 로칸타라르단 비리네 기르딤

Tek kişilik bir masaya oturdum.
텍 키쉬릭 비르 마사야 오투르둠

Garson geldi.
가르손 겔디

Önce bir çorba, daha sonra da döner istedim.
왼제 비르 초르바, 다하 손라 다 되네르 이스테딤

İçecek olarak da ayran aldım.
이체젝 올라락 다 아이란 알듬

Sebzeli yemekleri pek sevmem.
세브젤리 예맥레리 펙 세브멤

Garson siparişleri geç getirdi.
가르손 시파리쉬레리 게츠 게티르디

Çünkü lokanta her zamanki gibi çok kalabalıktı.
췬퀴 로칸타 헤르 자만키 기비 촉 칼라바륵트

Yemekte, telefonum çaldı.
예멕테 텔레호눔 찰드

Arkadaşimla telefonda uzun uzun konuştum.
아르카다쉼라 텔레혼다 우준 우준 코누쉬툼

Bu arada, çorbam da soğudu.
부 아라다 초르밤 다 소으우두

Yemeğin ardından bir de tatlı sipariş ettim.
예매으인 아르든단 비르 데 타틀르 시파리쉬 엣팀

Yemekler gerçekten çok lezzetliydi.
예멕레르 게르첵텐 촉 레즈제트리이디

Daha sonra bir fincan Türk kahvesi istedim.
다하 손라 비르 휜잔 튀르크 카흐웨시 이스테딤

저녁에는 일반적으로 음식점에서 식사를 한다.
사카리야 거리에 있는 다수의 식당이 맛있는 음식을 제공한다.
오늘 저녁에 그곳에 있는 음식점 가운데 한 곳에 (나는)들어갔다.
일인용 식탁에 앉았다.
종업원이 왔다.
우선 수프, 그리고 나서 되네르를 원했다.
음료수로서 아이란을 주문했다.
채소 음식을 별로 좋아하지 않는다.
종업원이 주문한 것을 늦게 가져 왔다.
왜냐하면 음식점은 언제나와 같이 매우 붐볐다.
식사 중에 내 전화가 울렸다.
내 친구와 전화로 오랜 시간 이야기 했다.
그 사이에 내 수프 또한 식었다.
식사 후에 또한 나는 후식(단 후식)을 주문했다.
음식은 정말 아주 맛있었다.
그리고 나서 나는 터키 커피를 한잔 원했다.

Öğleyin lokantada yemek yedim…

Garson: Buyurun, beyefendi, hoş geldiniz!
부유룬 베이에펜디 호쉬 겔디니즈

Müşteri: Hoş bulduk!
호쉬 불둑

Garson: Ne arzu edersiniz, efendim?
네 아르주 에데르시니즈 에펜딤

Müşteri: Çorbalardan neler var?
초르바라르단 네레르 와르

Garson: Mercimek ve yayla çorbalarımız var efendim.
메르지멕 웨 애일라 초르바므즈 와르 에펜딤

Müşteri: Ben bir *mercimek* çorbası istiyorum.
벤 비르 메르지멕 초르바스 이스티요룸

Garson: Çorbadan sonra ne alırsınız?
초르바단 손라 네 알으르스느즈

Müşteri: *Izgara etler*den neler var?
으즈가라 에트레르덴 네레르 와르

Garson: *Izgara köfte*, İnegöl köfte, *dana biftek* var.
으즈가라 쾨프테 이네괼 쾨프테 다나 피프텍 와르

Müşteri: Peki, siz ne tavsiye edersiniz?
페키 시즈 네 타브시예 에데르시니즈

Garson: *Izgara köftemiz* çok ünlü. Yağsız ve bol baharatlı.
으즈가라 쾨프테미즈 촉 윈뤼 야으스즈 웨 볼 바하라틀르

Müşteri: Tamam! Bir porsiyon da ızgara köfte, yanında da karışık
타맘 비르 포르세이온 다 으즈가라 쾨프테 야는다 다 카르쉭

salata, lütfen!
살라타 뤼트휀

Garson: Tabi efendim! İçecek ne alırsınız?
타비 에펜딤 이체젝 네 알으르스느즈

Müşteri: Bir bardak kola, lütfen!
비르 바르닥 콜라 뤼트휀

Garson: Hemen efendim! Afiyet olsun!
헤멘 에펜딤 아휘예트 올순

정오에 식당에서 식사를 했다....

종업원 : 들어오세요. 손님, 어서오세요
손　님 : 반갑습니다.
종업원 : 무엇을 원하십니까, 손님?
손　님 : 수프 종류로는 어떤 것들이 있습니까?
종업원 : 메르지멕 수프와 야일라 수프가 있습니다.
손　님 : 저는 메르지멕 수프를 원합니다.
종업원 : 수프 다음으로 무엇을 드시겠습니까?
손　님 : 석쇠 구이 쾨프테 종류로는 어떤 것들이 있습니까?
종원원 : 으즈가라 쾨프테와 이네괼 쾨프테, 송아지 고기 스테이크가 있습니다.
손　님 : 그렇다면, 어떤 것을 추천하시겠습니까?
종업원 : 저희 가게의 으즈가라 쾨프테는 매우 유명하고 기름기가 적으며 향신료가 풍성합니다.
손　님 : 좋습니다. 으즈가라 쾨프테 일인분과 혼합샐러드, 부탁드립니다.
종업원 : 네,손님. 마실 것으로는 무엇을 드시겠습니까?
손　님 : 콜라 한 잔 부탁드립니다.
종업원 : 바로 가져다 드리겠습니다, 손님. 맛있게 드십시오.

단어 익히기

- **ardından** 아르든단 — ~후에, (참고, art: 뒤, 후면).
- **arzu** 아르주 — 바램, 희망
- **arzu etmek** 아르주 에트멕 — 바라다, 희망하다
- **ayran** 아이란 — 아이란(요구르트를 희석시킨 터키식 음료의 일종)
- **baharat** 바하라트 — 향신료
- **baharatlı** 바하라트르 — 향신료가 가미된
- **bardak** 바르닥 — 잔, 컵
- **biftek** 비프텍 — 스테이크, 일반적으로 소고기.
- **birbirinden** 비르비린덴 — 각각으로 부터
- **cadde** 잣데 — 거리
- **çorba** 초르바 — 수프
- **çöp şiş** 춉 쉬쉬 — 꼬치구이
- **dana** 다나 — 송아지
- **döner** 되네르 — 되네르(가장 일반적인 터키 케밥의 일종)
- **fincan** 핀잔 — (찻)잔
- **garson** 가르손 — (음식점의) 종업원, 접대원
- **gerçekten** 게르첵텐 — 실제로, 사실상, 진실로

- getirmek 케티르멕 — 운반하다, 가져오다, 나르다
- girmek 기르멕 — 들어가다
- ızgara 으즈가라 — 석쇠에 구운
- içecek 이체젝 — 음료수
- işkembe 이쉬켐베 — 반추동물의 위
- karışık 카르쉭 — 복잡한, 혼란한; 섞인, 혼합된
- kıyma 크이마 — 갈은 고기
- kıymalı 크이말르 — 갈은 고기가 들어간
- kişilik ... 키쉬릭 — (몇)인분의
- konuşmak 코누쉬막 — 이야기하다
- köfte 쾨프테 — 쾨프테 (육류, 생선류, 야채류 등을 갈아서 동그랗게 뭉쳐서 만든 것으로 보통 숯불에 구워 먹음)
- kuzu 쿠주 — 새끼 양
- lezzetli 레제트리 — 맛이 있는
- limon 리몬 — 레몬
- lokanta 로칸타 — 식당
- masaya 마사야 — 식탁에
- mercimek 메르지멕 — 메르지멕(렌틸콩)
- öğleyin 외으레인 — 점심

- pek
  펙

  아주, 대단히, 매우,
- rica etmek
  리자 에트멕

  원하다, 요구하다
- Sakarya Caddesi
  사카리야 잣데시

  사카리야 거리
- sipariş
  시파리쉬

  주문
- sipariş etmek
  시파리쉬 에트멕

  주문하다
- soğumak
  소우막

  식다
- sorun
  소룬

  문제
- su
  수

  물
- sunmak
  순막

  바치다, 드리다
- tatlı
  타틀르

  단, 달콤한 / 사탕, 단 음식, 식후의 단 디저트
- tavsiye etmek
  타브시예 에트멕

  추천하다
- taze
  타제

  신선한
- tek
  텍

  하나, 한 개/ 단지, 유일한
- turşu
  투르슈

  투르슈(터키식 장아찌의 일종)
- Türk kahvesi
  튀르크 카흐베시

  터키식 커피
- uzun uzun
  우준 우준

  긴긴, 오래오래
- ünlü
  윈뤼

  유명한
- yağ
  야으

  기름, 지방
- yağsız
  야으스즈

  기름이 없는

- yayla 고원
  야일라
- yine 또, 또한
  이네

Mutfak eşyaları

- Kaşık 숟가락
  카식
- Çatal 포크
  차탈
- Kepçe 국자
  켑체
- Tabak 접시
  타박
- Çubuk 젓가락
  추북
- rende 강판
  렌데
- bıçak 칼
  브착
- tava 프라이팬
  타와

Yiyecekler

- Sandviç 샌드위치
  샌드위치
- Patates Kızartması 감자튀김
  파타테스 크자르르마스
- Domates salçası 토마토 소스
  도마테스 살차스
- Patates Cipsi 감자칩
  파타테스 집시
- Hamburger 햄버거
  함부르게르
- Yaş Pasta 생일케이크
  야쉬 파스타
- Dondurma 아이스크림
  돈두르마
- Kiraz 체리
  키라즈

문법 따라잡기

1. 가시적(보이는, 명확한) 과거시제

Belirli Geçmiş Zaman: -Dİ (-dı, -di, -du, dü, -tı, -ti, -tu, -tü)

a) Olumlu (+)

İ = a, ı → ı/ e, i → i에 대한 설명

과거시제 어미가 붙을 경우, 앞에 오는 동사 어간의 끝에 오는 모음에 따라서 (-dı, -di, -du, dü/ -tı, -ti, -tu, -tü) 등이 된다. 동사 어간의 끝모음이 a, ı일 경우 ı로, e, i일 경우 i로, o, u일 경우 u로, ö, ü/ 일 경우ü/로 된다.

Anlamak → anladım, anladın, anladı, anladık, analdınız, anladılar

Isınmak → ısındım, ısındın, ısındı, ısındık, ısındınız, ısındılar

위의 동사 Anlamak과 Isınmak에서 동사 어간의 끝모음이 각각 후설모음 a, ı로 끝났으므로 뒤에 따라오는 과거시제 어미는 동일하게

1인칭 단수 -dım, 1인창 복수 -dık

2인칭 단수 -dın, 2인칭 복수 -dınız

3인칭 단수 -dı, 3인칭 복수 -dılar 등으로 사용된다.

İstemek → istedim, istedin, istedi, istedik, istediniz, istediler

girmek → girdim, girdin, girdi, girdik, girdiniz, girdiler

위의 동사 istemek, girmek에서 동사 어간의 끝모음이 각각 전설모음 e, i로 끝났으므로 뒤에 따라오는 과거시제 어미는 동일하게

1인칭 단수 -dim, 1인창 복수 -dik

2인칭 단수 -din, 2인칭 복수 -diniz

3인칭 단수 -di, 3인칭 복수 -diler 등으로 사용된다.

(Ben)	*fiil*+ **-Dim**	→ (Ben) *gel*-**dim**
(Sen)	*fiil*+ **-Din**	→ (Sen) *gör*-**dün**
(O)	*fiil*+ **-Di**	→ (O) *otur*-**du**
(Biz)	*fiil*+ **-Dik**	→ (Biz)*öğren*-**dik**

(Siz) *fiil*+ **-Diniz** → (Siz) *anla*-**dınız**
(Onlar) *fiil*+ **-DilAr** → (Onlar) *çaliş*-**tılar**

b) Olumsuz (-)

İ= a, ı → ı, e, i → i

(Ben) *fiil*+ -mAdİm → (Ben) *gel*-**me-dim**
(Sen) *fiil*+ -mAdİn → (Sen) *gör*-**me-din**
(O) *fiil*+ -mAdİ → (O) *otur*-**ma-dı**
(Biz) *fiil*+ -mAdİk → (Biz) *ögren*-**me-dik**
(Siz) *fiil*+ -mAdİnİz → (Siz) anla-**ma-dınız**
(Onlar) *fiil*+ -mAdİlAr → (Onlar) *çalış*-**ma-dılar**

2. Yeterlik Eylemi(가능형 동사): -Abilmek

Genellikle geniş zamanla kullanılır.
(일반적으로 초월시제로 사용된다)

1) 긍정형

(Ben) *fiil*+ **-Abilirim** → (Ben) *gel*-**ebilirim**
(Sen) *fiil*+ **-Abilirsin** → (Sen) *dön*-**ebilirsin**
(O) *fiil*+ **-Abilir** → (O) *otur*-**abilir**
(Biz) *fiil*+ **-Abiliriz** → (Biz) öğr*en*-**ebiliriz**
(Siz) *fiil*+ **-Abilirsiniz** → (Siz) *yap*-**abilirsiniz**
(Onlar) *fiil*+ **-Abilirler** → (Onlar) çalış-**abilirler**

2) 부정형

(Ben) *fiil*+ **-A-mAm** → (Ben) *gel*-**e-mem**
(Sen) *fiil*+ **-A-mAzsin** → (Sen) *dön*-**e-mezsin**
(O) *fiil*+ **-A-mAz** → (O) *otur*-**a-maz**
(Biz) *fiil*+ **-A-mAyiz** → (Biz) öğre*n*-**e-meyiz**
(Siz) *fiil*+ **-A-mAzsiniz** → (Siz) *yap*-*a*-**mazsınız**

(Onlar) *fiil*+ **-A-mAzlAr** → (Onlar) çalış-**a-mazlar**

c) 긍정의문형

(Ben) *fiil*+ **-Abilir miyim**? → (Ben) *gel*-**ebilir miyim**?

(Sen) *fiil*+ **-Abilir misin**? → (Sen) *dön*-**ebilir misin**?

(O) *fiil*+ **-Abilir mi?** → (O) *otur*-**abilir mi**?

(Biz) *fiil*+ **-Abilir miyiz?** → (Biz) öğre*n*-**ebilir miyiz**?

(Siz) *fiil*+ **-Abilir misiniz?** → (Siz) *yap*-**abilir misiniz**?

(Onlar) *fiil*+ **-Abilirler mi?** → (Onlar) çalış-**abilirler mi**?

3. ve Bağlacı(ve 접속사, ve: 그리고)

Ahmet, yeni bir araba **ve** ev aldı.

아흐멧은 새 자동차 그리고 집을 구입했다.

Ben, sen **ve** o,üçümüz de Koreliyiz.

나, 너 그리고 그, 우리 셋은 한국인이다.

Sevgili öğretmenler **ve** öğrenciler, hoş geldiniz!

사랑하는 선생님들 그리고 학생들 환영합니다.

Bu lokantada döner kebap, salata **ve** ayran çok lezzetli.

이 식당에서는 되네르 케밥, 샐러드 그리고 아이란이 맛있다.

Kahvaltıda zeytin, peynir **ve** reçel yerim.

아침 식사에서 올리브, 치즈 그리고 잼을 먹는다.

Hafta sonları spor yaparım **ve** arkadaşlarımla görüşürüm.

주말에 운동을 한다 그리고 내 친구들과 만난다.

4. *ile, -(y)lA Bağlacı*(*ile, -(y)lA* 접속사)

1) 동등한 관계의 주어를 함께 나타낸다.

Kim **ile** Lee her yaz birlikte Türkiye'ye giderler.

Fatma **ile** Erhan evliler.

2) 동등한 관계의 주어를 따로 분리해서 사용할 때 사용된다.

Bayram, Kore'ye Funda'**yla** gitti.
Zeynep, bugün Ali'**le** oynamak istemiyor.
Ben de sizin**le** gelebilir miyim?
(Siz) Benim**le** sinemaya gelir misin?
Çay**la** birlikte sigara içmek çok zararlı.

3) 어떤 일을 행할 때 수단을 표현한다.

İzmir'e otobüs**le** gidebilir miyiz?
Okula metro**yla** gitmek daha kolay.
Eve neden taksi**yle** döndü?
Bu çikolata**yla** kek yapabilirim.

! 인칭대명사와 사용되는 경우

ben	**benim-le**
sen	**senin-le**
o	**onun-la**
biz	**bizim-le**
siz	**sizin-le**
onlar	**onlar-la**

5. -ki eki(소유격 어미)

TEKİL

benim **kalem**im	benim**ki**
senin **kalem**in	senin**ki**
onun **kalem**i	onun**ki**
bizim **kalem**imiz	bizim**ki**
sizin **kalem**iniz	sizin**ki**
onların **kalem**i	onların**ki**

ÇOĞUL

benim **kalemler**im	benim**kiler**
senin **kalemler**in	senin**kiler**
onun **kalemler**i	onun**kiler**
bizim **kalemler**imiz	bizim**kiler**
sizin **kalemler**iniz	sizin**kiler**
onların **kalemler**i	onların**kiler**

표현 따라하기 7-2

Buyurun efendim, hoş geldiniz!
부유룬 에펜딤, 호쉬 겔디니즈!
들어오세요, 손님, 어서 오세요! (말씀하세요.)

Hoş bulduk!
호쉬불둑!
반갑습니다.

Hoş geldiniz efendim!
호쉬 겔디니즈 에펜딤!
어서오세요, 손님!

Hoş bulduk!
호쉬 불둑!
반갑습니다.

Ne alırdınız, efendim?
네 알르드느즈, 에펜딤?
무엇을 원하십니까, 손님?

Mönüye bakabilir miyim?
뫼뉘예 바카빌리르 미임?
메뉴를 볼 수 있을까요?

Çorbalardan neler var?
초르바라르단 네레르 와르?
수프 종류로는 어떤 것들이 있습니까?

Ezogelin, mercimek ve işkembe var.
에조겔린, 메르지멕 웨 이쉬켐베 와르.
에조겔린, 메르지멕과 이스켐베가 있습니다.

Ben bir mercimek çorbası istiyorum.
벤 비르 메르지멕 초르바스 이스티요룸.
저는 메르지멕 수프를 원합니다.

Tabii efendim!
타비 에펜딤!
네 손님!

Et yemeklerinden neler var?
에트 예멕에린덴 네레르 와르?

고기가 들어간 음식들에는 무엇이 있습니까?

Tas kebap ve Çoban kavurma var, efendim.
타스 케밥 웨 초반 카우르마 와르, 에펜딤.

타스 케밥과 초반 카우르마가 있습니다. 손님.

Salata çeşitleriniz neler?
살라타 체쉬트레르니즈 네레르?

샐러드 종류는 무엇입니까?

Çoban salata, karışık salata ve cacık.
초반 살라타, 카르쉭 살라타 웨 자즉.

초반 샐러드, 혼합 샐러드와 자즉입니다.

Birer cacık alalım, lütfen.
비레르 자즉 알랄름, 뤼트펜.

자즉 하나씩 먹겠습니다. 부탁드립니다.

Derhal efendim!
데르할 에펜딤!

곧 (준비하겠습니다.) 손님.

İçecek olarak neler var?
이체젝 올라락 네레르 와르?

음료수로는 어떤 것들이 있습니까?

Kola, ayran ve meyve suyu var, efendim.
콜라, 아이란 웨 메이웨 수유 와르, 에펜딤.

콜라, 아이란, 과일 주스가 있습니다. 손님.

İçkilerden neler var?
이츠키레르덴 네레르 와르?

술 종류는 어떤 것들이 있습니까?

Bira, şarap ve votka var, efendim.
비라, 샤랍 웨 오트카 와르, 에펜 딤.

맥주, 와인, 보드카가 있습니다. 손님.

Bana bir bardak buzlu ayran, lütfen.
바나 비르 바르닥 부즈루 아이란, 뤼트펜.

나에게 얼음이 들어 간 아이란 한잔 주십시오.

Tamam, efendim.
타맘, 에펜딤.

네, 알겠습니다. 손님.

Tatlılardan neler var?
타틀르라르단 네레르 와르?

타틀르(후식/디저트)로는 무엇이 있습니까?

Baklava, künefe, kadayıf var, efendim.
바크라와, 퀴네페, 카다이프 와르, 에펜딤.

바크라와와 퀴네페, 카다이프가 있습니다. 손님.

Bir isteğiniz var mı, efendim?
비르 이스테이니즈 와르 므, 에펜딤?

당신이 원하시는 것이 있습니까, 손님?

Teşekkürler! Şimdilik yok.
테쉐퀴르레르! 쉼디릭 욕.

감사합니다. 지금은 없습니다.

Limon ister misiniz, efendim?
리몬 이스테르 미시니즈, 에펜딤?

레몬을 원하십니까, 손님?

Bir dilim alayım.
비르 딜림 알라읨.

한 조각 원합니다.

Bize ne önerirsiniz?
비제 네 외네리르시니즈?

우리에게 어떤 것을 추천하시겠습니까?

Hamsilerimiz çok taze. Size hamsi öneririm.
함시레리미즈 촉 타제. 시제 함시 외네리림.

멸치가 매우 신선합니다. 멸치를 추천합니다.

Biraz ekmek getirebilir misiniz?
비라즈 에크멕 게티레빌리르 미시니즈?

빵 조금 가져다주실 수 있습니까?

Hemen efendim!
헤멘 에펜딤!

바로(가져다 드리겠습니다.) 손님!

Bir dilim limon alabilir miyim?
비르 딜림 리몬 알라빌리르 미임?

레몬 한 조각 얻을 수 있을까요?

Tabi efendim!
타비 에펜딤!

당연하죠, 손님!

Başka bir isteğiniz var mı efendim?
바쉬카 비르 이스테이니즈 와르 므, 에펜딤?

다른 원하시는 것 있습니까, 손님?

Hayır, yok. Teşekkür ederim!
하이으르, 욕. 테쉐퀴르 에데림!

아니요, 없습니다. 감사합니다.

Bir(er) çay alır mısınız, efendim?
비르(에르) 차이 알르르 므스느즈, 에펜딤?

차 한 잔씩 드시겠습니까, 손님?

Evet, iyi olur.
에웨트, 이이 올루르.

네, 좋습니다.

Garson Bey, hesap lütfen.
가르손 베이, 헤삽 뤼트펜.

종업원, 영수증 부탁드립니다.

Hemen efendim!
헤멘 에펜딤!

바로 (드리겠습니다) 손님!

Garson Bey, hesabı alabilir miyiz?
가르손 베이, 헤사브 알라빌리르 미이즈?

종업원, 영수증을 받을 수 있겠습니까?

Tabi! Hesabı ayrı ayrı mı istersiniz?
타비! 헤사브 아이르 아이르 므 이스테르시니즈?

네, 당연하죠. 영수증을 각각 원하십니까?

4단계

문제 풀기

Ⅰ. 다음에 주어진 문자의 빈 칸에 적절한 초월시제 어미를 넣으시오.

1) (+) (Ben) Her sabah saat yedide kahvaltı yap________.
2) (+) (Sen) Bugün benimle okula gel________ misin?
3) (+) (O) Yağlı ve baharatlı yemekleri sev________.
4) (+) (Biz) Türk kahvesini tercih et________.
5) (+) (Siz) Yemekten sonra çay iç________.
6) (+) (Onlar) Cumartesi ve Pazar günleri dershaneye git ________.

Ⅱ. Aşağidaki cümlelerde boşlukları yeterlik eylemi (geniş zaman eklerini de kullanarak) ekleriyle doldurunuz.

아래 문장의 빈칸에 가능형 어미를 채우시오.

1) (+?) (Ben) Affedersiniz, buraya otur__________ __________?
2) (+) (Sen) Bana kalemini ver__________ __________?
3) (+) (O) Bu gece bu kitabı bitir__________.
4) (+?) (Biz) Sizinle bu kafede birer Türk kahvesi iç__________ __________?
5) (+) (Siz) Korece konuş__________.
6) (+) (Onlar) Korece'yi bir yılda öğren__________.

Ⅲ. Aşağıdaki cümlelerde boşlukları **ile, -(y)lA, ve** bağlaçlarıyla doldurunuz.

아래 문장의 빈칸에 **ile, -(y)lA, ve** 접속사를 넣으시오.

1) Çocuklar, anne __________ babaları__________ birlikte yemek yemek isterler.
2) Zeynep arkadaşlarını __________ kardeşini çok sever.
3) Ayşe __________ Ali geçen yıl burada evlendiler. Şimdi bir çocukları var.
4) Ben de siz__________ tiyatroya gidebilir miyim?
5) Lee, Kim'__________ nerede tanıştı?
6) Okuldan sonra sinemaya gittim __________ güzel bir film izledim.

Ⅳ. Aşağıdaki cümlelerde boşlukları **-lİ** ve **-sİz** ekleri ile doldurunuz.

아래 문장의 빈칸에 **-lİ ve -sİz** 어미를 넣으시오.

1) Çin__________ turistler İstanbul'u çok sevdiler.
2) C vitamini almak için salatayı limon__________ yiyebilirsin.
3) Türkler genellikle şeker__________ çay içerler.
4) Koreliler baharat__________ yemekleri çok seviyorlar.
5) Çocuklar! Lütfen, sigara__________ bölümde oturun!
6) Her sabah peynir__________ ve zeytin__________ poğaça alırım.

정 답

Ⅰ. 1) arım. 2) ir 3) er 4) eriz
5) ersiniz 6) erler

Ⅱ. 1) abilir miyim 2) ebilir misin
3) ebilir 4) ebilir miyiz
5) abilirsiniz. 6) bilirler.

Ⅲ. 1) ve, yla 2) ve 3) ile 4) inle 5) le
6) ve

Ⅳ. 1) li 2) lu 3) li 4) sız
5) siz 6) li, li

Ders 8

Nerede tatil yapacaksın?

어디에서 휴가를 보낼 것이니?

8-1

Türkiye,üç tarafı denizlerle çevrili turistik bir ülkedir.
튀르키예 위치 타라프 데니즈레르레 체비릴리 투리스틱 비르 윌케디르

Bu denizler Karadeniz, Akdeniz ve Ege Denizi'dir.
부 데니즈레르 카라데니즈, 악데니즈 웨 에게 데니지디르

Ayrıca Marmara Denizi de Türkiye'dedir.
아이르자 마르마라 데니지 데 튀르키예데디르

Akdeniz'de deniz çok güzeldir.
악데니즈데 데니즈 촉 귀젤디르

Burada çok güzel oteller ve turistik yerler vardır.
부라다 촉 귀젤 오텔레르 웨 투리스틱 예르레르 와르드르

Akdeniz'de meyve de çoktur.
악데니즈데 메이웨 데 촉투르

Portakal, muz gibi meyveler en çok burada yetişir.
포르타칼, 무즈 기비 메이웨레르 엔 촉 부라다 예티쉬르

Turistler tarihi yerleri gezerler ve denizi içiçe görürler.
투리스트레르 타리히 예르레리 게제르레르 웨 데니지 이치이체 궤뤼르레르

Ege Bölgesine gezmek için birçok turist gelir.
에게 뵐게시네 게즈멕 이친 비르촉 투리스트 겔리르

Turistler tarihi yerleri gezerler.
투리스트레르 타리히 예르레리 게제르레르

Karadenizin etrafı yemyeşildir.
카라데니진 에트라프 옘예실디르

Bu bölgede en çok çay ve fındık vardır.
부 뵐게데 엔 촉 차이 웨 픈득 와르드르

Anadolu'da tarihi yerler çoktur.
아나돌루 다 타리히 예르레르 촉투르

Turistler buraları görünce çok şaşırırlar.
투리스트레르 부라라르 괴뤈제 촉 샤스르르라르

Mesela, Kapadokya, Pamukkale doğal yerlerdir.
메셀라, 카파도키야, 파묵칼레 도알 예르레르디르

Bu yerleri her yıl çok sayıda turist ziyaret eder.
부 예르레리 헤르 이을 촉 사이으다 투리스트 지야레트 에데르

Denizi, tarihi ve doğal yerleri Türkiye'de görebilirsiniz.
데니지, 타리히 웨 도알 예르레리 튀르키예데 궤레빌리르시니즈

어디에서 휴가를 보낼 것이니?
터키는 3면이 바다로 둘러싸인 관광 국가이다.
이 바다들은 흑해, 지중해, 에게 해이다.
또한 마르마라해도 터키에 있다.
지중해의 바다는 매우 아름답다.
여기에는 매우 아름다운 호텔들과 관광지들이 있다.
지중해에는 과일 또한 많다.
오렌지, 바나나 같은 과일들이 여기에서 가장 많이 재배된다.
관광객들은 역사적인 곳들을 걷고 바다 속을 바라본다.
에게 지방에는 관광을 위해 많은 관광객들이 온다.
관광객들은 역사적인 곳들을 거닌다.
흑해의 주변은 매우 푸르다.
이 지방에는 차와 헤이즐넛이 있다.
아나톨리아에는 역사적인 장소들이 많다.
관광객들은 이 곳들을 볼 때 놀란다.
예를 들어, 카파도키아, 파묵 칼레는 천연적인 장소이다.
이 곳들에는 매년 많은 수의 관광객들이 방문한다.
바다와 역사적이고 천연적인 장소들을 터키에서 보실 수 있습니다.

Ceyda tatilde nereye gidecek?

Murat Bu yıl tatilde nereye gideceksin?
부 이을 타틸데 네레예 기데젝신?

Ceyda Bodrum'a gideceğim. Ama sadece 1 hafta.
보드룸아 기데제임 아마 사데제 비르 하프타

Sen nereye gideceksin?
센 네레예 기데젝신

Murat Ben bu yıl yurtdışına gideceğim, Fransa'ya.
벤 부 이을 유릇드쉬나 기데제임, 프랑사야

Ceyda Kaç gün tatil yapacaksın?
키츠 귄 타틸 야파작슨

Murat İki hafta tatil yapmayı düşünüyorum.
이키 하프타 타틸 야프마이으 뒤쉰뉘요룸

Avrupa tatili çok pahalı değil.
아브루파 타틸리 촉 파할르 데으일

Ceyda Haklısın! Acaba ben de mi yurtdışına gitsem?
하클르슨 아자바 벤 데 미 유룻드쉬나 깃셈

Murat Geçen yıl da İspanya'ya gittim ve çok memnun kaldım.
게첸 이을 다 이스파냐야 깃팀 웨 촉 멤눈 칼듬

Bence, sen de yurtdışına git. Sen Fransızca biliyorsun.
벤제, 센 데 유룻드쉬나 기트, 센 프랑스즈자 빌리요르순

Dilersen, Paris'e birlikte gidelim.
딜레센, 파리세 비르릭테 기델림

Ceyda Ben bir düşüneyim. Sana yarın haber vereyim.
벤 비 뒤쉬네임. 사나 야른 하베르 웨레임

Murat Peki! Yarın beni mutlaka ara.
페키! 야른 베니 무트라카 아라

Ceyda Tamam. Yarın haberleşelim.
타맘. 야른 하베르레쉐림

Murat Bekliyorum. Görüşürüz.
베클리요룸. 궤뤼쉬뤼즈

제이다는 휴가에 어디에 갈까?

무라트 : 올해 휴가에 어디에 갈 거니?
제이다 : 보드룸에 갈 거야. 그런데 딱 1주일이야.
넌 어디에 갈 건데?
무라트 : 난 올해는 해외로 갈 거야. 프랑스에.
제이다 : 며칠이나 휴가할 건데?
무라트 : 2주 동안 휴가 할 생각이야. 유럽 휴가는 별로 비싸지 않아.
제이다 : 맞아! 혹시 나도 해외로 간다면?
무라트 : 나는 지난해에도 에스파냐에 갔었고 매우 즐겁게 머물렀어.
내 생각에는 너도 해외로 가.
너는 프랑스어를 할 수 있잖아.
네가 원한다면 파리에 함께 가자.
제이다 : 한 번 생각해볼게. 너에게 내일 소식 전할게.
무라트 : 그럼! 내일 나를 반드시 찾아.
제이다 : 좋아! 내일 연락하자.
무라트 : 기다릴게. 또 만나자.

단어 익히기

• acaba	혹시, 어쩌면
• Akdeniz	지중해
• Anadolu	아나톨리아
• aramak	찾다, 구하다
• Avrupa	유럽
• ayrıca	달리, 따로, 별도로
• beklemek	기다리다
• bence	내 생각에는
• Bodrum	(지명)보드룸
• Bölge	지역, 지구, 지방
• çay	차
• çevrili	주변(환경)을 가진
• deniz	바다
• dilemek	원하다, 바라다
• doğal	천연의, 자연의, 타고난
• düşünmek	생각하다
• Ege Bölgesi	에게 지방
• Ege Denizi	에게 해
• en çok	가장 많이
• etraf	주변, 환경, 주위
• fındık	헤이즐넛(개암)
• geçen	지난
• gezmek	거닐다, 돌아다니다
• görmek	보다, 만나다, 인지하다, 경험하다
• haber vermek	소식을 전하다, 연락하다
• haberleşmek	(서로)소식을 전하다, 통신하다
• haklı	옳은, 정당한, 타당한
• hem … hem de …	… 도 그리고 … 도 또한
• içiçe	더 안으로, 자세히, 깊숙이

• Kapadokya	(지명)카파도키아
• Karadeniz	흑해
• konuksever	손님에게 우호적인(친절한)
• Marmara Deniz	마르마라 해
• memnun kalmak	즐겁게(만족스럽게) 머물다
• mesela	가령, 예를들면
• mutlaka	반드시
• muz	바나나
• otel	호텔
• pahalı	비싼
• Pamukkale	파묵칼레
• portakal	오렌지
• sadece	단지, 다만
• sayı	수, 숫자
• şaşırmak	놀라다, 당황하다
• taraf	방향, 구역
• tarihi	역사의, 역사적
• tatil	휴가
• turist	관광객
• turistik	여행의
• yapmak	하다, 만들다, 수행하다
• yardım etmek	돕다
• yemyeşil	진한 초록색의
• yer	장소, 자리
• yeşil	녹색, 초록색
• yetişmek	이르다, 도달하다
• yıl	년, 해
• ziyaret etmek	방문하다

문법 따라잡기

1. Gelecek Zaman(미래시제어미)〉 -AcAk (-acak, -ecek)

a) Olumlu (+), 긍정형

(Ben) *fiil*+ **-(y)AcAğİm** → (Ben) *gel*-**eceğim**

(Sen) *fiil*+ **-(y)AcAksİn** → (Sen) *dön*-**eceksin**

(O) *fiil*+ **-(y)AcAk** → (O) *oku-**y***-**acak**

(Biz) *fiil*+ **-(y)AcAğİz** → (Biz) öğren--**eceğiz**

(Siz) *fiil*+ **-(y)Acaksİnİz** → (Siz) *yap-**acaksınız***

(Onlar) *fiil*+ **-(y)AcAklAr** → (Onlar) çalış-***acaklar***

b) Olumsuz (-), 부정형

(Ben) *fiil*+ **-mAyAcağİm** → (Ben) *gel*-**meyeceğim**

(Sen) *fiil*+ **-mAyAcAksİn** → (Sen) *dön*-**meyeceksin**

(O) *fiil*+ **-mAyAcAk** → (O) *oku*-**mayacak**

(Biz) *fiil*+ **-mAyAcAğİz** → (Biz)öğren-**meyeceğiz**

(Siz) *fiil*+ **-mAyAcaksİnİz** → (Siz) *yap*-**mayacaksınız**

(Onlar) *fiil*+ **-mAyAcAklAr** → (Onlar) çalış-**mayacaklar**

c) Olumlu Soru (+?), 긍정의문형

(Ben) *fiil*+ **-(y)AcAk mİyİm**? → (Ben) *gel*-**ecek miyim**?

(Sen) *fiil*+ **-(y)AcAk mİsİn**? → (Sen) *dön*-**ecek misin**?

(O) *fiil*+ **-(y)AcAk mİ**? → (O) *oku*-**y-acak mı**?

(Biz) *fiil*+ **-(y)AcAk mİyİz**? → (Biz) öğren-**ecek miyiz**?

(Siz) *fiil*+ **-(y)Acak mİsİnİz**? → (Siz) *yap*-**acak mısınız**?

(Onlar) *fiil*+ **-(y)AcAklAr mİ**? → (Onlar) çalış-**acaklar mı**?

d) Olummsuz Soru (-?), 부정의문형

(Ben) *fiil*+ **-mAyAcAk mİyİm**?
→ (Ben) *gel*-**meyecek miyim** ?

(Sen) *fiil*+ **-mAyAcAk mİsİn?**

→(Sen) *dön*-**meyecek misin**?

(O) *fiil*+ **-mAyAcAk mİ?**

→(O) *oku*-**mayacak mı**?

(Biz) *fiil*+ **-mAyAcAk mİyİz?**

→(Biz)öğren-**meyecek miyiz** ?

(Siz) *fiil*+ **-mAyAcak mİsİnİ**z**?**

→(Siz) *yap*- **mayacak mısınız**?

(Onlar) *fiil*+ **-mAAcAklAr mİ?**

→(Onlar) çalış-**mayacaklar mı**?

2. İşaret Sıfatları ve Zamirleri(지시형용사와 대명사)

I. İşaret Sıfatları(지시형용사)

Bu(이) → **Bu** çocuk Korelidir.

Şu (저) → Şu araba çok güzel.

O (그) → **O** adam doktordur.

→ **Bu** öğrenci**ler** Almandırlar.

→ Şu kitap**lar** Türkçe'dir

→ **O** pasta**lar** meyvelidir.

II. İşaret Zamirleri(지시대명사)

Tekil(단수)

Bu → **Bu** (çocuk) Korelidir.

Şu → **Şu** (araba) çok güzel.

O → **O** (adam) doktordur.

Çoğul(복수)

Bunlar → **Bunlar** (Bu öğrenciler) Almandırlar.

Şunlar → **Şunlar** (Şu kitaplar) Türkçe'dir.

Onlar → **Onlar** (O pastalar) meyvelidir.

a) 지시대명사의 목적격 형태

단수	복수
Bunu	Bunları
Şunu	Şunları
Onu	Onları

b) 지시대명사의 여격 형태

단수	복수
Buna	Bunlara
Şuna	Şunlara
Ona	Onlara

c) 지시대명사의 처격 형태

단수	복수
Bunda	Bunlarda
Şunda	Şunlarda
Onda	Onlarda

d) 지시대명사의 탈격 형태

단수	복수
Bundan	Bunlardan
Şundan	Şunlardan
Ondan	Onlardan

3 단계

표현 따라하기 8-2

Bana iyi bir otel önerebilir misiniz?
저에게 좋은 호텔 한 곳 소개해 주실 수 있습니까?
Size Didim'de Cennet Otel'i öneririm.
당신에게 디딤에 있는 젠네트 호텔을 추천합니다.

Buralarda güzel bir otel var mı?
이곳에 아름다운 호텔이 있습니까?
Evet, Yıldız Otel buraya çok yakın.
네, 이을드즈 호텔이 여기서 매우 가깝습니다.
Bu yıl tatile çıkacak mısın?
올해 휴가에 떠날거니?
Hayır, bu yıl tatile çıkmayacağım.
아니, 올해는 휴가에 떠나지 않을거야.
Bu yıl nerede tatil yapacaksın?
올해는 어디에서 휴가를 할거니?
Bu yıl, Antalya'ya gideceğim.
올해, 안탈리야에 갈거야.
Antalya'ya neyle gideceksin?
안탈리야에 무엇을 타고 갈거니?
Uçakla veya otobüsle gideceğim.
비행기 혹은 버스로 갈거야.
Bu yıl kaç gün tatil yapacaksın?
올해 며칠 동안 휴가 할 거니?
15 gün tatil yapacağım.
15일 동안 휴가 할 거야.
Tatilden ne zaman döneceksin?
휴가에서 언제 돌아올 거야?
Ağustos sonunda döneceğim.
8월말에 돌아올 거야.
İki kişilik oda ayırtmak istiyorum.
2인용 방을 예약하고 싶습니다.
Kayıt formunu doldurabilir misiniz?
기록양식을 채워 주실수 있으십니까?
Formu doldurdum. Başka bir işlem var mı?
양식을 채웠습니다. 다른 절차가 있습니까?
Hayır, yok. Buyurun, odanızın anahtarı. İkinci kat 203 numara.
아니요, 없습니다. 여기요, 방 열쇠입니다. 2층 203호입니다.
Bir kişilik rezervasyon yaptırmak istiyorum.

1인용 예약하기 원합니다.
Tabi, Hanımefendi.
물론입니다, 부인.
Kaç gün kalacaksınız?
며칠간 머무르실 겁니까?
Ne kadar kalacağım belli değil.
며칠간 머무를지 정확하지 않습니다.
Boş odanız var mı?
빈 방 있습니까?
Evet, efendim. Kaç kişilik oda istiyorsunuz?
네, 손님. 몇 인용 방을 원하십니까?
Odalarda klima var mı?
방에 에어컨이 있습니까?
Evet, efendim. Ayrıca 24 saat sıcak su var.
네, 손님. 또한 24시간 온수도 나옵니다.
Odaların gecelik fiyatı ne kadar?
방의 하룻밤 요금이 얼마입니까?
Her şey dahil, 50 Lira.
모든 것을 포함해서 50 리라 입니다.
Döviz kabul ediyor musunuz?
외화도 받으십니까?
Tabi, efendim! Dolar mı? Avro mu?
물론이죠, 손님! 달러입니까? 유로화입니까?
Kahvaltı saat kaçta başlıyor?
아침 식사시간은 몇시에 시작합니까?
Kahvaltı sabah saat 7'den 10'a kadar.
아침식사는 아침 7시부터 10시까지 입니다.
Otelinizde Kore yemekleri var mı?
호텔에 한국 음식들도 있습니까?
Evet, beyefendi!
네, 손님!
Hesabımı kapatmak istiyorum.
계산을 마치고(하고) 싶습니다.

Biraz bekleteceğim, beyefendi.
조금 기다려주세요, 손님.
Mini barı kullandınız mı?
미니 바를 사용하셨습니까?
Hayır, mini barı kullanmadım.
아니오, 미니 바는 사용하지 않았습니다.
Yüzme biliyor musunuz?
수영하실 수 있으십니까?
Evet, biliyorum.
네, 나는 할 수 있습니다.
Plajda cankurtaran var mı?
모래사장에 구명대가 있습니까?
Evet, var.
네 있습니다.
Plajda şezlong ve şemsiye var mı?
모래사장에 긴 의자(해변용)와 파라솔 있습니까?
Evet, ama kiralık.
네, 그런데 대여용입니다.

4단계

문제 풀기

1. Aşağıdaki cümlelerde boşlukları **gelecek zaman** ekleriyle doldurunuz.

아래 문장의 빈칸에 미래 시제 어미를 쓰시오. (+) : 긍정형
1) (+) (Ben) bugün otel için rezervasyon yaptır__________.
2)(+) (Sen) bol bol dinlen__________.
3)(+) (O) bu evden memnun kal__________?
4)(+) (Biz) derste öğretmeni dinle__________.
5)(+) (Siz) şezlongda güneşlen__________?
6)(+) (Onlar) bu akşam odada televizyon seyret__________.

2. Aşağidaki cümlelerde altı çizili öğeleri örnekteki gibi **çoğul** yapınız.

아래 문장에서 밑줄 친 부분을 보기와 같이 복수형으로 만드시오.

Örnek: Bu telefon çok eski. Bu telefon**lar** çok eski.

Bunlar çok eski.

1) Bu film çok uzun.

______________ . ______________.

2) Şu kız üniversitede öğrencidir.

______________ . ______________.

3) O kitap çantadadır.

______________ . ______________.

4) Bu arabayı çok seviyorum.

______________ . ______________.

5) Şu defteri verir misiniz

______________ . ______________.

6 O numarayı not ediniz!

______________ . ______________.

정 답

Ⅰ. 1) acağım 2) eceksin 3) acak mı 4) yeceğiz
5) ecek misinz 6) ecekler

Ⅱ. 1) Bu filmler çok uzun. Bunlar çok uzun.
2) Şu kızlar üniversitede öğrencidirler.
Şunlar Üniversitede öğrencidirler.
3) O kitaplar çantadadır. Onlar çantadadır.
4) Bu arabaları çok seviyorum. Bunları çok seviyorum.
5) Şu defterleri verir misiniz? Şunları verir misiniz?
6) O numaraları not ediniz. Onları not ediniz.

Ders 9

Alo! Kiminle görüşüyorum?

여보세요! 전화 받으신 분은 누구세요?

9-1

Teknoloji ve yalnızlık

Eskiden telefon ve İnternet gibi iletişim araçları yoktu.
İnsanlar birbirleriyle sık sık görüşürdü.
Ama günümüzde, genellikle herkes yalnız yaşamayı tercih ediyor.
Artık hiç kimse komşuluk, ve yardım gibi şeylere eskisi kadar önem vermiyor.
Mektubun yerini de e-posta aldı.
Kimse mektup yazmıyor.
Herkes artık mektup yerine e-posta göndermeyi tercih ediyor.
Artık herkesin evinde İnternet, herkeste cep telefonu var.
Bayramlarda insanlar uzaktan haberleşmeyi tercih ediyor.
Eskiden bir yerden bir yere gitmek çok zordu.
Şimdi herkesin arabası var.
İnsanlar ulaşım araçlarını daha çok kişisel ihtiyaçları için kullanıyorlar.
Büyük şehirlerdeki insanlar komşularına vakit ayırmakta güçlük çekiyorlar.
Şehirlerdeki insanlar birbirlerini tanımıyorlar, birbirlerine selam vermiyorlar.
Bu durum, yalnız Türkiye için geçerli değil.
Bu durum dünyanın her yerinde böyle.
İnsanlar istemeden birbirlerinden uzaklaşıyorlar.
Çünkü artık herkes çalışmak zorunda.
Eskiden komşuluk çok daha önemliydi.
Biz komşuluğun önemini unutmamalıyız.
Siz de daha sosyal bireyler olmak için çabalamalısınız

기술과 외로움

예전에는 전화와 인터넷과 같은 통신 수단이 없었다.
사람들은 서로서로 자주 만났다.
그런데 오늘날, 일반적으로 모두 홀로 사는 것을 선호한다.
이제 어느 누구도 이웃간의 정, 서로 돕기 같은 것들에 예전만큼 중요성을 두지 않는다.
편지의 자리도 이메일이 차지했다.
아무도 편지를 쓰지 않는다.
모두 이제 편지 대신 이메일 보내는 것을 선호한다.
이제 모두의 집에 인터넷, 모두에게 휴대전화가 있다.
명절들에는 사람들은 멀리서부터 소식 전하는 것을 선호한다.
예전에는 한 곳에서 다른 곳으로 가는 것이 매우 어려웠다.
지금은 모두의 자동차가 있다.
사람들은 교통수단들을 보다 더 개인적인 필요들을 위해 사용한다.
대도시의 사람들은 이웃들에게 시간을 할애 하는 것에서 어려움을 느낀다.
도시의 사람들은 서로서로를 알지 못한다. 서로서로 인사를 하지 않는다.
이 상황은 단지 터키에서만 유효한 것이 아니다.
이 상황은 세계 모든 나라에서 이러하다.
사람들은 원치 않게 서로 서로로부터 멀어진다.
왜냐하면 이제 모두가 일해야만 한다,
예전에는 이웃간의 정이 보다 많이 중요했었다.
우리는 이웃간의 정의 중요성을 잊지 말아야 한다.
당신도 더욱 사회적인 개인이 되기 위해 노력해야 한다.

Nisa niçin okula geç gidiyor?

Figen Hanım Alo! Ben Figen!

Mehmet Bey Alo! Figen Hanım, iyi günler! Ben Nisa'nin öğretmeni Mehmet!

Figen Hanım İyi günler Mehmet Bey, buyurun!

Mehmet Bey Figen Hanım, Nisa bugün okula 1 saat geç geldi. Niçin?

Figen Hanım Öyle mi? Benim haberim yok! Allah Allah!

Mehmet Bey Evet, bence onunla tekrar konuşmalısınız.

Figen Hanım Haklısınız!

Mehmet Bey Biliyorsunuz, Nisa geçen yıl böyle değildi. Bu yıl neden böyle yapıyor?

Figen Hanım	İnanın, ben de bilmiyorum.
Mehmet Bey	Bu konuyu eşinizle de görüşmelisiniz.
Figen Hanım	İlginiz için çok teşekkür ederim, Mehmet Bey.
Mehmet Bey	Rica ederim! Görüşmek üzere!

니사는 왜 학교에 늦었을까?

피겐 부인	: 여보세요! 저는 피겐입니다.
메흐메트 선생님	: 여보세요! 피겐부인, 안녕하세요! 저는 니사의 선생님 메흐메트입니다.
피겐 부인	: 안녕하세요, 메흐메트 선생님, 말씀하세요.
메흐메트 선생님	: 피겐 부인, 니사가 오늘 학교에 1시간 늦게 왔습니다. 왜죠?
피겐 부인	: 정말요? 저는 몰랐어요! 저런 저런!
메흐메트 선생님	: 네, 제 생각에는 그 아이와 다시 이야기해보셔야 할 것 같습니다.
피겐 부인	: 옳으세요!
메흐메트 선생님	: 아시다시피, 니사는 지난 해에 이렇지 않았습니다. 올해는 왜 이렇게 할까요?
피겐 부인	: 믿으세요, 저도 모르겠습니다.
메흐메트 선생님	: 이 문제를 남편분과도 이야기하셔야 합니다.
피겐 부인	: 신경써주셔서 정말 감사드립니다. 메흐메트 선생님.
메흐메트 선생님	: 별 말씀을요! 또 뵙겠습니다.

1 단계

단어 익히기

• araba	자동차
• araç	수단, 방법
• artık	이제, 드디어
• ayırmak	분리하다, 떼다
• Bayram	명절, 축제
• birey	개인
• cep telefonu	휴대 전화

- çabalamak 노력하다
- çalışmak 일하다
- çekmek 끌다, 당기다
- durum 상황
- dünya 세계
- e-posta 이메일
- geçerli 유효한
- genellikle 일반적으로
- gönderme 보내기
- görüşmek 만나다, 면담하다
- güçlük 어려움, 곤란
- günümüzde 오늘날(에)
- haberleşme 소식전하기
- herkes 모두, 누구나
- ihtiyaç 필요, 요구
- iletişim 통신
- İnternet 인터넷
- istemeden 원치 않게
- kişisel 개인적인
- komşuluk 이웃간의 정
- kullanmak 사용하다
- mektup 편지
- önem 중요성
- önemli 중요한
- önem vermek 중요하게 여기다
- selam 인사
- sık sık 자주, 종종
- sosyal 사회의, 사회적
- şehir 도시
- tanımak (사람을)알다
- tercih etmek 선호하다, 보다 좋아하다
- ulaşım 왕래, 교통
- unutmak 잊다, 망각하다

- uzaklaşmak	멀어지다
- uzaktan	멀리에서
- vakit	시간, 때, 당대
- yalnız	다만, 오직, 홀로/외로운
- yardım	도움
- yaşamak	살다, 생활하다, 거주하다
- yazmak	쓰다, 기록하다
- zor	힘든, 어려운, 곤란한
- zorunda	반드시 ......해야 한다

2단계

문법 따라잡기

1. Gereklilik Kipi(필수법 형태): -mAlİ (-malı, -meli)

a) Olumlu (+): 긍정형

(Ben)	*fiil*+ **-mAlİyİm**	→ (Ben) *gel*-**meli-y-im**
(Sen)	*fiil*+ **-mAlİsİn**	→ (Sen) *dön*-**meli-sin**
(O)	*fiil*+ **-mAlİ**	→ (O) *otur*-**malı**
(Biz)	*fiil*+ **-mAlİyİz**	→ (Biz) öğren-**meli-yiz**
(Siz)	*fiil*+ **-mAlİsİnİz**	→ (Siz) *yap*-**malı-sınız**
(Onlar)	*fiil*+ **-mAlİlAr**	→ (Onlar) çalış-**malı-lar**

b) Olumsuz (-): 부정형

(Ben)	*fiil*+ **-mAmAlİyİm**	→ (Ben) *gel*-**me-meli-y-im**
(Sen)	*fiil*+ **-mAmAlİsİn**	→ (Sen) *dön*-**me-meli-sin**
(O)	*fiil*+ **-mAmAlİ**	→ (O) *outr*-**ma-mali**
(Biz)	*fiil*+ **-mAmAlİyİz**	→ (Biz) ögren-**me-meli-y-iz**
(Siz)	*fiil*+ **-mAmAlİsİnİz**	→ (Siz) *yap*-ma-**malı-sınız**
(Onlar)	*fiil*+ **-mAmAlİlAr**	→ (Onlar) çaliş-**ma-malı-lar**

긍정형 변화

(Ben) *gel*-**meli-y-im**

(Sen) *gel*-**meli-sin**
(O) *gel*-**meli**
(Biz) *gel*-**meli-y-iz**
(Siz) *gel*-**meli-siniz**
(Onlar) *gel*-**meli-ler**

부정형 변화

(Ben) gel-**me-meli-y-im**
(Sen) gel-**me-meli-sin**
(O) gel-**me-meli**
(Biz) gel-**me-meli-y-iz**
(Siz) gel-**me-meli-siniz**
(Onlar) gel-**me-meli-ler**

표현 따라하기 9-2

〈전화상에서〉

Alo!	여보세요!
Alo	여보세요!
Alo!	여보세요!
Efendim!	예!
İyi günler! Ben Murat.	안녕하세요! 저는 무라트입니다.
İyi günler! Buyurun!	안녕하세요! 예!(말씀하세요)
Alo, kiminle görüşüyorum?	여보세요, 누구세요?
Ben Ali, ...	저는 알리입니다,..
Ahmet Beyle görüşebilir miyim?	아흐메트 씨와 통화할 수 있을까요?
Tabi! Hemen veriyorum.	당연하죠! 바로 연결합니다.
Ayşe Hanımla görüşecektim.	아이쉐 부인과 통화하려고 했습니다.
Buyurun! Ben Ayşe.	예! 제가 아이쉐입니다.
Buralarda telefon kulübesi var mı?	이 근처에 공중전화박스가 있나요?

Evet, 20 metre ileride, köşede bir telefon kulübesi var.
네, 20 미터 전방, 모퉁이에 공중전화 박스 하나가 있습니다.
Affedersiniz, buralarda İnternet kafe var mı?
실례합니다, 이 근처에 인터넷 카페가 있습니까?
Tabi! Karşıdaki binanın giriş katında bir İnternet kafe var.
당연하죠! 건너편 건물의 1층에 인터넷 카페가 있습니다.
İnternet'in saati ne kadar?
인터넷은 시간당 얼마인가요?
İnternet'in saati 1 Lira.
인터넷은 시간당 1 리라 입니다.
E-posta adresinizi alabilir miyim?
당신의 이메일 주소를 알 수 있을까요?
Tabi. kosebayram@gmail.com
물론이죠. kosebayram@gmail.com 입니다.
İnternet'te maillerime bakabilir miyim?
인터넷에서 제 메일들을 볼 수 있을까요?
Tabi, buyurun!
당연하죠, 여기요!

4단계

문제 풀기

1. 아래의 문장의 빈칸에 알맞은 필수법 어미를 쓰시오.

1) (+) (Ben) bugün anneme telefon et________.
2) (+) (Sen) yarın Pusan'a erken dön________.
3 (+) (O) yarın sabah erken kalk________.
4) (+) (Biz) bu akşam otelden ayrıl________.
5) (+) (Siz) bu konuyu müdürle görüş________.
6) (+) (Onlar) bu filmi seyret________.

2. 다음에 주어진 빈칸에 알맞은 격어미를 쓰시오.

1) Arkadaşının arabası__________ binmek istemiyorum.
2) Sen onun mail adresi__________ yazmalısın.
3) Ahmet, telefon numarası__________ değiştirdi.
4) Onunla öğretmenler odası__________ görüştüm.
5) Bu meyveleri Beğendik alışveriş merkezi__________ aldım.
6) Koreli öğrenci, Milli Piyango Yurdu__________ kalıyor.

정 답

Ⅰ. 1) meliyim 2) melisin 3) malı 4) malıyız
5) melisiniz 6) meliler

Ⅱ. 1) na 2) ni 3) nı 4) nda 5) nden
6) nda

Ders 10

Evimiz, ailemiz

우리집, 우리가족

10-1

Akın ile Çiğdem ev alıyorlar.

Emlakçı	Evet, işte bu daire satılık. Tam dört odası var.
Akın	Odaları görebilir miyiz?
Emlakçı	Tabi! Buyurun önce salona bakın. Çok geniş ve ferah.
Çiğdem	Evet gerçekten çok büyükmüş. Peki, diğer odalar···
Emlakçı	Burası, yatak odası. Burası da geniş ve aydınlık.
Çiğdem	Çok güzel. Bayıldım. Harika! Sen nasıl buldun, canım?
Akın	Ben de çok beğendim. Diğer üç odayı da görelim.
Emlakçı	Burası oturma odası. Bu oda da aydınlık, ama çok büyük değil.
Çiğdem	Bence yeterli. Sence canım?
Akın	Bence de canım.
Emlakçı	Çocuk odası bu tarafta. Böyle buyurun!
Akın	Tek çocuk için oldukça geniş.
Çiğdem	Evet, çocuk gardrobu ve yatak için yeterince geniş.
Emlakçı	Burası da banyo ve tuvalet.
Akın	Yeterince geniş ve kullanışlı.
Emlakçı	Sıra mutfakta···
Çiğdem	Ayy! Evet, mutfağı merak ediyorum.
Emlakçı	Salonun yanında. İşte mutfak burası.
Çiğdem	Büyük ve ferah. Dolaplar da çok geniş.
Akın	Evin her yeri çok güzel. Peki, fiyatı ne kadar?
Emlakçı	250.000 YTL

아큰과 치뎀이 집을 구매합니다.

부동산중개인	네, 자, 이 집은 매매용입니다. 딱 방 네 개가 있습니다.
아큰	방들을 볼 수 있을까요?
부동산중개인	물론이죠!먼저 거실을 보시죠. 굉장히 넓고 상쾌합니다.
치뎀	네 정말 굉장히 큰 것 같아요. 그렇다면, 다른 방들은.....
부동산중개인	여기는 침실입니다. 이 곳 또한 넓고 밝습니다.
치뎀	너무 아름답네요. 대단히 좋아요. 와우! 당신은 어떻게 생각해?
아큰	나도 굉장히 마음에 들어. 다른 세 개의 방도 보자.
부동산중개인	여기는 응접실입니다. 이 방 또한 밝습니다. 하지만 그리 크지 않아요.
치뎀	제 생각에는 충분해요. 당신 생각은?
아큰	내 생각도 그래, 여보.
부동산중개인	아이 방은 이쪽입니다. 이렇게요, 여기요!
아큰	아이 한 명에게는 제법 큰걸.
치뎀	그래, 아이 옷장과 침대 놓기에 충분히 넓다.
부동산중개인	이 곳은 샤워실과 화장실입니다.
아큰	충분히 넓고 편리한데요.
부동산중개인	다음 차례는 주방입니다...
치뎀	아이! 네, 주방이 궁금해요.
부동산중개인	거실의 옆입니다. 자, 주방은 여깁니다.
치뎀	크고 넓네요. 찬장들도 매우 넓네요.
아큰	집의 모든 곳이 매우 좋네요. 그렇다면 가격은 얼마죠?
부동산중개인	250,000YTL 입니다.

Tolga ve Ayla ailelerini anlatıyorlar…

Tolga	Ayla, siz kaç kardeşsiniz?
Ayla	İki kardeşiz. Ben ve ağabeyim. Ya siz?
Tolga	Biz de iki kardesiz, benim de bir ablam var.
Ayla	Ablan kaç yaşında?
Tolga	30 yaşında. Benden 6 yaş büyük. İki de çocuğu var.
Ayla	Yani iki yeğenin var. Ne güzel! Benim yeğenim yok. Abim hâlâ bekar.
Tolga	Dayı olmak çok güzel bir duygu. Umarım, sen de yakında hala olursun.
Ayla	En az üç-beş yıl sonra. Ağabeyim henüz evlenmek istemiyor.

Tolga	Babanlar ve annenler kaç kardeş?
Ayla	İki amcam, bir halam, bir dayım,üç de teyzem var.
Tolga	Benim ne amcam ne de dayım var, ama bir halam bir de teyzem var.

톨가와 아일라가 가족을 설명합니다...

톨가	아일라, 너희는 형제가 몇이니?
아일라	두 명이야. 나랑 오빠. 그럼 너희는?
톨가	우리도 두 명이야. 나도 누나가 한 명 있어.
아일라	네 누나는 몇 살인데?
톨가	30살이야. 나보다 6살 많아. 두 명의 아이가 있어.
아일라	그러니까 두 명의 조카가 있구나. 얼마나 좋아! 난 조카가 없어. 오빠는 여전히 미혼이야.
톨가	외삼촌이 되는 것은 매우 느낌이 좋아. 바라건대, 너도 곧 고모가 될거야.
아일라	적어도 3-5년 후에. 오빠는 아직도 결혼하는 것 원하지 않아.
톨가	너희 친가와 외가는 형제가 몇이니?
아일라	두 명의 삼촌과 고모 한 명, 외삼촌 한 명, 이모 세 명이 있어.
톨가	나는 삼촌도 외삼촌도 없어. 그런데 고모 한 명과 이모도 한 명 있어.

1 단계

단어 익히기

• abla	누나/언니
• agabey	오빠/형
• amca	아저씨, 삼촌
• anne	어머니
• aydınlık	밝은
• Ayy!	(감탄사, 마음에 들거나 기분이 좋을때) 아이!
• baba	아버지
• banyo	목욕/ 목욕실
• bayılmak	기절하다, 대단히 기뻐하다

• beğenmek	좋아하다
• bence	내 생각에는
• böyle	이와 같은, 이와 같이
• bulmak	찾다
• burası	여기, 이곳
• buyurun	여기요, 이쪽으로
• canım	자기, 여보 등(친구나 연인, 부부간의 애칭)
• çocuk odası	아이용 방
• daha	더
• daire	집, 방, 사무실, 호
• dayı	외삼촌
• diğer	그 밖의
• dolaplar	장, 찬장, 서랍(의 복수)
• duygu	느낌, 감정
• emlakçı	부동산중개인
• ferah	넓은, 광활한, 상쾌한
• fiyat	값, 가격
• gardrob	옷장
• geniş	넓은, 큰
• gerçekten	실제로, 사실상
• hala	고모
• hâlâ	아직, 아직도, 여전히
• Harika!	경이, 감탄, 기적/(감탄사) 와우!(대단해)
• işte	자! 이것 봐! / 바로 이것
• kardeş	형제, 자매
• kullanışlı	편리한
• merak etmek	걱정하다
• mutfak	주방
• ne kadar?	얼마입니까?
• oda	방
• oldukça	꽤, 제법
• oturma odası	응접실
• öncelikle	우선으로, 처음으로

• salon	거실
• satılık	매매용의, 판매용의
• sence	너의 생각에는
• sıra	차례
• tabi!	물론, 틀림없이, 당연히!
• tam	완전한, 정확한/ 꼭, 정확히, 바로
• taraf	방향, 방면
• tek	하나의, 유일한/ 단순히, 단지
• teyze	이모
• tuvalet	화장실
• üst	위, 상부
• yakında	가까운 곳에. 가까이에/최근에
• yan	방향, 측면/ 옆, 곁
• yatak	침대
• yatak odası	침실
• yeğen	조카
• yeterince	충분히, 족히
• yeterli	충분한, 상당한, 족한

2단계

문법 따라잡기

1. Belirsiz Geçmiş Zaman(보이지 않는 과거시제어미, 보이지 않는 과거는 불확실한 과거를 의미한다): -mİş (-miş, -miş, -muş, -müş)

a) Olumlu (+)

(Ben)	*fiil*+**-mİşİm**	→ (Ben) *gel***miş-im**
(Sen)	*fiil*+**-mİşsİn**	→ (Sen) *dön***müş-sün**
(O)	*fiil*+**-mİş**	→ (O) *otur***muş**
(Biz)	*fiil*+**-mİşİz**	→ (Biz)öğren**miş-iz**
(Siz)	*fiil*+**-mİşsİnİz**	→ (Siz) *yap***mışsın-ız**
(Onlar)	*fiil*+**-mİşlAr**	→ (Onlar) çalış**mış-lar**

b) Olumsuz (-)

(Ben) *fiil*+ **-mAmİşİm** → (Ben) *gel***memiş-im**
(Sen) *fiil*+ **-mAmİşsİn** → (Sen) *dön***memiş-sin**
(O) *fiil*+ **-mAmİş** → (O) *otur***mamış**
(Biz) *fiil*+ **-mAmİşİz** → (Biz)öğren**memiş-iz**
(Siz) *fiil*+ **-mAmİşsİnİz** → (Siz) *yap***mamış-sınız**
(Onlar) *fiil*+ **-mAmİşlAr** → (Onlar) çalış**mamış-lar**

2. 명사와 형용사에 사용되는 보이지 않는 과거시제어미(İsim cümlelerinde Belirsiz Geçmiş Zaman)

İsim/Sifat(형용사/명사) + (y)-mİş

sarı + y-mış → sarı-y-mış
Ahmet + miş → Ahmet-miş
tavuk + muş → tavuk-muş
gözlüklü + y-müş → gözlüklü-y-müş

Bu genç kadının kocası çok yaşlıymış
Mehmet'in arkadaşı Koreliymiş.
Bu yeni bir telefonmuş!
Onun kahvesi de sütlüymüş.

3. Sıra Sayı Sıfatları 서수

1. birinci 비린지 — 첫 번째
2. ikinci 이킨지 — 두 번째
3. üçüncü 위췬쥐 — 세 번째
4. dördüncü 되르듄쥐 — 네 번째
5. beşinci 베쉰지 — 다섯 번째
6. altıncı 알튼즈 — 여섯 번째

7. yedinci 일곱 번째
예딘지

8. sekizinci 여덟 번째
세키진지

9. dokuzuncu 아홉 번째
도쿠준주

10. onuncu 열 번째
오눈주

11. On birinci

12. On ikinci

....

19. On dokuzuncu

20. Yirminci

....

28. Yirmi sekizinci

30. Otuzuncu

40. Kırkıncı

50. Ellinci

60. Altmişıncı

70. Yetmişinci

80. Sekseninci

90. Doksanıncı

100. Yüzüncü

205. İki yüz beşinci

502. Beş yüz ikinci

807. Sekiz yüz yedinci

1020. Bin yirminci

1030. Bin otuzuncu

1993. Bin dokuz yüz doksanüçüncü

2003. İki binüçüncü

표현 따라하기 10-2

Affedersiniz, yakınlarda emlakçı var mı?
실례합니다만, 근처에 부동산중개인이 있습니까?
50 metre ileride, sağda Güven Emlak var.
50미터 전방, 우편에 귀벤(Güven)부동산중개소가 있습니다.

Kiralık daire var mı? 월세 집 있습니까?
Evet. Kaç odalı ev kiralamak istiyorsunuz?
네, 몇 개의 방이 있는 집을 세내기 원하십니까?
Daire kaç metrekare? 집은 몇 평방미터입니까?
Dairemiz 120 metrekare. 우리 집은 120 평방미터입니다.
Bu evin aylık kirası ne kadar? 이 집의 월세는 얼마입니까?
Aylık kira 600 Lira. 월세는 600리라입니다.
Ev kaçıncı katta? 집은 몇 층입니까?
Ev ikinci katta,ön cephe.
집은 2층이고, 건물의 앞면을 향하고 있습니다.
Kira sözleşmesi yapmak istiyorum. 월세 계약하기를 원합니다.
Tabi! Şurayı imzalayın, lütfen!
물론이죠! 저쪽에 서명해주세요, 부탁드립니다!
Evli misiniz? 결혼하셨습니까?
Evet, evliyim. 네, 기혼입니다.
Kaç çocuğunuz var? 몇 명의 아이가 있으십니까?
Iki. Bir oğlum, bir de kızım var.
두 명이요. 아들이 한 명, 딸도 한 명 있습니다.
Eşiniz ne iş yapıyor? 배우자는 무슨 일을 하십니까?
Eşim ev hanımı./ Eşim asker.
부인은 가정 주부입니다./ 남편은 군인입니다.
Kaç kardeşin var? 몇 명의 형제가 있니?
İki kardeşim var. Bir ağabeyim, bir de ablam.
두 명의 형제가 있어. 오빠 한 명이랑 언니 한명.
Teyzenizin kaç çocuğu var? 이모는 몇 명의 아이가 있어?

İki çocuğu var. Kuzenlerim Volkan ve Yasemin.
두 명의 아이가 있어. 나의 사촌들은 볼칸과 야세민이야.

Annenler kaç kardeş? 외가는 형제가 몇 명이니?

Annemler dört kardeş. Bir dayım, iki de teyzem var.
외가는 4명의 형제가 있어. 외삼촌 한 명과, 두 명의 이모가 있어.

4단계

문제 풀기

I. Aşağıdaki cümlelerde boşlukları belirsiz geçmiş zaman ekleriyle doldurunuz.

아래 문장의 빈칸에 보이지 않는 과거시제 어미를 쓰시오.

1) (+) (Ben) evden aceleyle çıktım. Uçak biletimi evde unut__________.
2) (+) (Sen) dün sinemaya git__________. Annen söyledi.
3) (+) (O) İstanbul'a yalnız dön__________. Telefonda söyledi.
4) (+) (Biz) saat ona kadar uyu__________. Saate bakınca anladık.
5) (+) (Siz) pasaportunuzu düşür__________. Yolda buldum.
6) (+) (Onlar) yeni bir ev al__________. Kardeşim söyledi.

II. Aşağıdaki sayıları yazıyla yazınız.

아래의 숫자를 글로 쓰시오.

1) 11. ______________________________
2) 28. ______________________________
3) 37. ______________________________
4) 43. ______________________________
5) 76. ______________________________
6) 99. ______________________________

III. Aşağıdaki cümlelerde boşlukları belirli geçmiş zaman ekleri ile doldurunuz.

아래 문장의 빈칸에 보이는 과거시제 어미를 쓰시오.

1) (+) (Ben) Ayakkabıyı bu mağazadan al________.

2) (+) (Sen) Bu hafta hangi filmi izle________?

3) (+) (O) Hangi kravatı dene________?

4) (+) (Biz) Geçen yıl İstanbul'da evlen________.

5) (+) (Siz) Bugün işten erken dön________.

6) (+) (Onlar) Sebze ve meyve almak iste________.

정 답

Ⅰ. 1) muşum　2) mişsin　3) müş　4) muşuz
　5) müşsünüz　6) mışlar

Ⅱ. 1) on birinci　2) yirmi sekizinci　3) otuz yedinci
　4) kırk üçüncü　5) yetmis altıncı
　6) doksan dokuzuncu

Ⅲ. 1) dım　2) din　3) di?　4) dik
　5) dünüz　6) diler

Ders 11

Anketör Sevgi'ye soru soruyor...

설문조사원이 세브기에게 질문을 합니다.

11-1

Anketör	Affedersiniz! Bir anket yapıyorum. Birkaç soruma cevap verebilir misiniz?
Sevgi	Fazla vaktim yok, ama buyurun, sorun.
Anketör	Teşekkür ederim. Hafta içi sabahları kaçta kalkarsınız?
Sevgi	Değişiyor. Bazen yedide, bazen de yedi buçukta.
Anketör	Peki, hafta sonları?
Sevgi	Genellikle on civarında.
Anketör	İşten kaçta çıkıyorsunuz?
Sevgi	O da değişiyor. Altı, altıbuçuk···
Anketör	Peki, akşamları kaçta yemek yersiniz?
Sevgi	Saat yedi buçukta.
Anketör	İşe neyle gidip geliyorsunuz?
Sevgi	Genellikle arabamla.
Anketör	Son bir sorum var. Cevaplarsanız sevinirim. Ayda ne kadar kazanıyorsunuz?
Sevgi	Önce siz söyleyin, ben daha sonra cevap vereyim. Olur mu?
Anketör	Ben mi? Ben.. Ben ayda yaklaşık 1.200 Lira kazanıyorum.
Sevgi	Ben de hemen hemen sizin kadar kazanıyorum.
Anketör	Teşekkür ederim.
Sevgi	Rica ederim.

설문조사원이 세브기에게 질문합니다...

설문조사원	실례합니다! 조사를 하고 있는데요. 몇가지 질문에 대답하실 수 있으십니까?

세브기	시간이 많지 않아요, 하지만 네. 물어보세요.
설문조사원	감사합니다. 주간 매일 아침에 몇 시에 일어나십니까?
세브기	바뀌는데요. 가끔은 7시에, 또 가끔은 7시 30분이요.
설문조사원	그렇다면, 주말에는요?
세브기	대개 10시 쯤에요.
설문조사원	직장에서는 몇시에 나오십니까?
세브기	그것도 바뀌는데요, 6시, 6시 반....
설문조사원	그렇다면, 매일 저녁에는 몇시에 식사를 하십니까?
세브기	7시 반에요.
설문조사원	직장에 무엇으로(어떻게) 가고 오십니까?
세브기	대체로 내 차로요.
설문조사원	마지막 하나의 질문이 있어요. 대답해 주시면 좋겠습니다. 한달에 얼마나 소득을 얻으십니까?
세브기	먼저 당신이 말해보세요, 저는 그 다음에 답할께요. 되나요?
설문조사원	저 말입니까? 저는... 저는 한 달에 대략 1,200 리라를 법니다.
세브기	저도 거의 당신만큼 법니다.
설문조사원	감사합니다.
세브기	천만에요.

1단계

단어 익히기

- akşamları　매일 저녁에
- anket　질문서, 앙케이트
- anketör　(앙케이트)조사원
- ay　달, 월
- bazen　때때로, 가끔, 이따금
- buçuk　반, 절반
- cevaplamak　대답하다
- civarında　(장소) 부근에, (시간) 가까이, 쯤
- çıkmak　나가다, 출발하다

• değişmek	변하다, 바뀌다, 변경하다
• -e doğru	(시간) ~시 무렵, 정각 ~시에
• fazla	많은, 과도한
• genellikle	대체로, 보편적으로
• hafta içi	주간
• hafta sonu	주말
• hemen hemen	거의
• kalkmak	일어서다; 일어나다, (잠에서) 깨어나다
• kazanmak	벌다, 소득을 얻다
• neyle?	(수단, 도구 등) 무엇으로?
• sabahları	매일 아침에
• son	끝의, 마지막의, 최후의; 끝, 말, 최후
• sormak	질문하다, 묻다
• soru	질문
• vakit	시간

2단계

문법 따라잡기

1. Saatler(시간)

Saat kaç?	**Saat kaç?**
Saat ... ... var.	**Saat ...** *geçiyor.*
Saat kaç? (09:55)	Saat kaç? (10:05)
Saat ona beş var.	Saat on*u* beş *geçiyor.*
(10시 5분 전입니다.)	(10시 5분 입니다.)
Saat kaçta ...?	**Saat kaçta ...?**
Saat ... ... kala	**Saat ... ... geçe ... .**
Saat kaçta işe geldin? (09:55)	Saat kaçta uyandın? (10:05)
Saat ona beş *kala* işe geldim.	Saat on*u* beş *geçe* uyandım.
(10시 5분 전에 직장에 왔습니다.)	(10시 5분에 잠에서 깼습니다.)

SAAT KAÇ?(몇시?)

07:15 Saat yediyi çeyrek (on beş) geçiyor.
Saat yediyi çeyrek geçe uyandım.

10:30 Saat on iki buçuk.
Saat on iki buçukta yemek yedim.
Saat on iki otuz.
Uçak, saat on iki otuzda inecek.

14:23 Saat ikiyi yirmi üç geçiyor
Saat ikiyi yirmi üç geçe gelecek.
Saat on dört yirmi üç.
Saat on dört yirmi üçte gidecek.

02:45 Saat üçe çeyrek (on beş) var.
Film, saat üçe çeyrek kala bitti.

11:30 Saat on bir buçuk.
Saat on bir buçukta otobüse bindim.

18: 57 Saat yediye üç var.
Saat yediye üç kala eve girdik.
Saat on sekiz elli yedi.
Saat on sekiz elli yedide buluştuk.

2. Günler 요일

pazartesi 파자르테시	월요일	cuma 주마	금요일
salı 살르	화요일	cumartesi 주마르테시	토요일
çarşamba 차르샴바	수요일	pazar 파자르	일요일
perşembe 페르쉠베	목요일		

3. Aylar ve Mevsimler

Aylar 달(월)

1월	ocak 오작	7월	temmuz 테무즈
2월	şubat 슈밧	8월	ağustos 아우스토스
3월	mart 마르트	9월	eylül 에일륄
4월	nisan 니산	10월	ekim 에킴
5월	mayıs 마이으스	11월	kasım 카슴
6월	haziran 하지란	12월	aralık 아랄륵

Mevsimler 계절

ilkbahar 일크바하르	봄	sonbahar 손바하르	가을
yaz 야즈	여름	kış 크쉬	겨울

4. Zaman(시간)

akşam 악샴	저녁에	ertesi gün 에르테시 귄	모레
bu ay 부 아이	이번달	evvelki gün 에웰키 귄	그저께
bu hafta 부 하프타	이번 주	geceleyin 게제레인	밤에
bu sene 부 세네	금년	geçen ay 게첸 아이	지난달
bugün 귄	오늘	geçen hafta 게첸 하프타	지난주
dün 뒨	어제	geçen sene 게첸 세네	작년

gelecek ay 겔레젝 아이	다음달	iki gün önce 이키 균 왼제	이틀 전
gelecek hafta 겔레젝 하프타	다음주	iki gün sonra 이키 균 손라	이틀 후
gelecek sene 겔레젝 세네	내년	öğleden sonra 외일레덴 손라	오후에
her gün 헤르 귄	매일	sabahleyin 사바르레인	아침에
her zaman 헤르 자만	항상	yarın 야른	내일

표현 따라하기 11-2

Affedersiniz! Saat kaç acaba?

실례합니다! 몇 시죠 혹시?

Saat şu an dokuz.

지금 9시입니다.

Affedersiniz! Saatiniz var mı?

실례합니다! 몇 시죠?

Saat on buçuk.

10시 반입니다.

Türkçe dersi saat kaçta başlıyor?

터키어 수업은 몇 시에 시작하죠?

Türkçe dersi saat onda başlıyor.

터키어 수업은 10시에 시작합니다.

Günde kaç saat ders çalışıyorsun?

하루에 몇 시간 공부하시나요?

Günde ortalama iki saat ders çalışıyorum.

하루에 평균 2시간 공부합니다.

Saat kaçtan kaça kadar çalısıyorsun?

몇 시부터 몇 시까지 일하세요?

Sabah saat dokuzdan akşam saat altıya kadar çalışıyorum.

아침 9시부터 저녁 6시까지 일합니다.

Bugün günlerden ne?
오늘은 무슨 요일이죠?
Bugün cumartesi.
오늘은 토요일입니다.
Yarın günlerden ne?
내일은 무슨 요일이죠?
Yarın pazar
내일은 일요일입니다.
Türkiye'ye hangi günler uçak var?
터키로 어떤 요일에 비행기가 있나요?
Salı ve cuma günleri.
화요일과 금요일입니다.
Pazar günü pikniğe gidelim mi?
일요일에 소풍을 갈까요?
Çok iyi olur. Pazar günü boşum.
매우 좋을 거예요. 일요일은 일이 없습니다.
Hangi aydayız?
지금 어느 달(몇 월)이죠?
Şubat ayındayız.
2월입니다.
Türkiye'de okullar hangi ay açılıyor?
터키에서 학교들은 어떤 달에 열립니까?
Türkiye'de okullar eylülde açılıyor.
터키에서 학교들은 9월에 열립니다.
Hangi ayda tatile çıkacaksın?
어떤 달에 휴가를 가실 겁니까?
Haziran ayında tatile çıkacağım.
6월에 휴가를 갈 것입니다.
Kore'ye ne zaman döneceksiniz?
당신은 한국에 언제 돌아가십니까?
Kore'ye 20 Martta döneceğim.
저는 한국에 3월 20일에 돌아갈 것입니다.

문제 풀기

I. Aşağıdaki sorulara cevap veriniz. Rakamları harflerle yazınız.

아래 질문에 답하시오. 숫자를 글로 쓰시오.

1) **01:24** Saat kaç? Saat________________.
2) **03:15** Saat kaç? Saat________________.
3) **04:30** Saat kaç? Saat________________.
4) **06:45** Saat kaç? Saat________________.
5) **07:50** Saat kaç? Saat________________.
6) **11:40** Saat kaç? Saat________________.

II. Aşağıdaki sorulara cevap veriniz. Rakamları harflerle yazınız.

1) 13:12 Saat kaçta işten çıkacak? Saat ________.
2) 12:35 Saat kaçta okula döndü? Saat ________.
3) 17:45 Saat kaçta metroya bindi? Saat ________.
4) 15:30 Sinemaya saat kaçta gitmiş? Sinemaya saat ________.
5) 22:15 Parti saat kaçta başlayacak? Parti saat ________.
6) 21:21 Lokanta saat kaçta kapandı? Lokanta saat ________.

III. Aşağıdaki sayıları yazıyla yazınız.

1) **23** ______________
2) **28** ______________
3) **34** ______________
4) **141** ______________
5) **352** ______________
6) **176** ______________

IV. Aşağıdaki cümlelerde boşlukları belirtili isim tamlaması(한정명사 수식법) ekleri ile doldurunuz.

1) Ayakkabı________ numara________.

2) patates__________ kilo__________.
3) süt__________ litre__________.
4) et__________ fiyat__________.
5) çocuk__________ süt__________.
6) market__________ ad__________.

정 답

Ⅰ. 1) biri yirmi dört geçiyor 2) üçü çeyrek geçiyor
3) dört buçuk 4) yediye çeyrek var
5) sekize on var 6) on ikiye yirmi var

Ⅱ. 1) biri on iki geçe işten cıkacak 2) bire yirmi beş kala okula döndü
3) altıya çeyrek kala metroya bindi 4) üç buçukta gitmiş
5) onu çeyrek geçe başlayacak 6) dokuzu yirmi bir geçe kapandı

Ⅲ. 1) yirmiüç 2) yirmi sekiz 3) otuz dört 4) yüz kırk bir
5) üç yüz elli iki 6) yüz yetmiş altı

Ⅳ. 1) nın, sı 2) in, su 3) ün, si 4) in, ı
5) ğun, ü 6) in, ı

Ders

12

Lee, Kızılay TÖMER'e gitmek istiyor...

Lee는 크즐라이에 있는 퇴메르에 가기 원합니다....

12-1

Lee:	Affedersiniz, memur bey, buradan Kızılay TÖMER'e nasıl gidebilirim?!
Polis Memuru:	Burası Kuğulu Park. Buradan Kızılay'a metro yok.
	Otobüsle gidebilirsiniz. Kızılay otobüsüne karşı duraktan binebilirsiniz.
Lee:	Peki, hangi durakta ineceğim?
Polis Memuru:	Atatürk Bulvarı üzerinde, geçitin hemen yanında bir durak var. Orada inip aşağıya, kavşağa doğru yürüyeceksiniz.
Lee:	Kavşaktan nereye döneceğim?
Polis Memuru:	Kavşaktan sağa dönüp 100 metre kadar yürüyeceksiniz.
	TÖMER hemen sağda.
Lee:	Teşekkür ederim, memur bey.
Polis Memuru:	Rica ederim. İyi günler
Lee:	İyi günler

Lee :	실례합니다만, 경찰관님, 여기서 크즐라이 퇴메르에 어떻게 갈수 있습니까?
경찰관 :	이 곳은 쿠울루 공원입니다.
	여기에서 크즐라이로는 지하철이 없습니다.
	버스로 가실 수 있습니다.
	크즐라이 행 버스에 건너 편 정류장에서 타실 수 있습니다.
Lee :	좋아요, 어떤 정류장에서 내려야합니까?
경찰관 :	아타튀르크 대로에서요, 육교를 지나 바로 곁에 정류장이 있습니다.
	그 곳에서 내려서 아래로, 교차로 방향으로 걸어가세요.

Lee : 교차로에서 어느 쪽으로 돌아야합니까?
경찰관 : 교차로에서 오른쪽으로 도셔서 100미터 정도 걸어가세요.
퇴메르는 바로 오른쪽에 있어요.
Lee : 감사합니다, 경찰관님.
경찰관 : 별 말씀을요. 좋은 하루 되세요.
Lee : 좋은 하루 되세요,

OTOMOBIL İLE(Giriş)

Türkiye'de araç plakalarının ilk iki rakamı şehir kodlarını belirtmektedir. Antalya şehir kodu 07'dir. Kendi aracınızla Türkiye'ye girişte ruhsat, sürücü ehliyeti ve sigorta belgeleri gereklidir. Görevliler tarafindan size verilen izin belgesini yanınızda bulundurmanız gerekmektedir. Araçlarda ilk yardım çantası ve yangın söndürme cihazı bulundurmak zorunludur. Seyahat edenler için sigorta firması tarafından verilen Green Card'ın bulundurulması zorunludur.

자동차로(입국)

터키에서 자동차 번호판(araç plakaları)의 처음 두 숫자(iki rakamı)는 도시 코드를 나타냅니다. 안탈리아 시의 코드는 07입니다. 자신의 자가용으로(kendi aracınızla) 터키에 들어갈 때는 허가증(ruhsat), 운전 면허증(sürücü ehliyeti)과 보험 증명서가(sigorta belgeleri) 필요합니다. 담당자들에(Görevliler) 의해서(tarafindan) 당신에게 주어진 허가 증명서를(izin belgesi) 곁에 가지고 있는 것이 필요합니다. 자동차에 구급가방(ilk yardım çantası)과 소화기(yangın söndürme cihazı)가 있어야 합니다. 여행하는 사람들을 위해서 보험 회사로부터 발급된 그린카드가 있어야 합니다.

FERİBOTLA

Antalya'nın Alanya ilçesinden Alanya-Kıbrıs, Kıbrıs-Alanya arası deniz otobüsü seferleri yapılmaktadır. Detaylı bilgi ve rezervasyon için: Tel. 0242 511 5565

ALANYA-KIBRIS SEFERLERİ: Salı, Perşembe, Cuma, Pazar 13:00
KIBRIS-ALANYA SEFERLERİ: Pazartesi, Çarşamba, Cuma, Pazar 11:30
Alanya liman vergisi, kişi başı 10 USD'dır.

페리 보트로
안탈야의 알란야 군에서 알란야-크브르스(키프로스), 크브르스-알란야 사이에 해양 버스가 운행되고 있다. 상세한 정보와 예약은 : 전화. 0242 511 5565

알란야-크브르스 운행 : 화, 목, 금, 일요일 13 : 00
크브르스-알란야 운행 : 월, 수, 금, 일요일 11 : 30
알란야 항구 세금, 일 인당 10$

TRENLE

İstanbul'dan Antalya'ya, Antalya'dan İstanbul'a TCDD'nın yaz aylarında uyguladığı tren + otobüs hizmetleriyle ulaşmak mümkündür. Haftanın her günü 17:35'de Haydarpaşa garından Burdur'a, 17:20'de de Burdur'dan Haydarpaşa'ya tren seferleri düzenlenmektedir. Burdur'dan Antalya'ya veya Antalya'dan Burdur'a ulaşım TCDD'nın sağladığı otobüsler ile yapılmaktadır. Fiyatı, otobüs ücretleri de dahildir. Bu uygulama sadece yaz ayları için geçerli olup diğer aylarda Antalya-Burdur, Burdur-Antalya arası ulaşımı yolcular kendileri sağlamaktadır.

기차로
이스탄불에서 안탈랴에, 안탈야에서 이스탄불에 터키국영철도회사(**TCDD**)가 여름철에 적용하고 있는 기차+버스 서비스로(**tren + otobüs hizmetleriyle**) 가는 것이 가능하다. 주간 매일(**Haftanın her günü**) 17 : 35에 하이다르파샤 역에서 부르두르에, 17 : 20에는 부르두르에서 하이다르에 기차 운행이 실시되고 있다. 부르두르에서 안탈랴에, 안탈랴에서 부르두르에 (가는) 교통편은 터키국영철도회사가 마련하는(**sağladığı**) 버스로 이루어진다(**yapılmaktadır**). 가격은 버스 비용(**otobüs ücretleri**) 또한 포함되어 있다. 이러한 적용은 단지 하계절(**yaz ayları**)에 유용하며 다른 달(**diğer aylar**)에는 안탈랴-부르두르, 부르두르-안탈랴 사이의 교통편을(**ulaşımı**) 여행자 자신이(**yolcular kendileri**) 마련해야 한다.

ANTALYA'DA ŞEHİRİÇİ ULAŞIM(안탈랴에서 도시 내 교통)

OTOBÜS-MİNİBÜS

Antalya şehir içi ulaşımında otobüs ve mini büslerden yararlanılabilir. Şehir içindeki tüm noktalara ulaşım mümkündür. Otobüs ve mini büslerin ön camlarında güzergâhlar yazılıdır.

버스-미니 버스
안탈랴 도시 내(şehir içi) 교통은 버스와 미니 버스를 이용할 수 있다(yararlanılabilir). 도시 내의 모든 곳에 교통편이 가능(mümkün)하다. 버스와 미니 버스의 앞 창에(ön camlarında) 가는 방향(güzergâh)이 석혀 있나.

TAKSİ

Taksi duraklarından ve yoldan, taksilere binmek mümkündür. 06:00-24:00 arası gündüz tarifesi geçerlidir. 24:00-06:00 arası gece tarifesi geçerli olup gece tarifesi gündüz tarifesinden yüzde 50 fazladır.

택시
택시 정류장에서(Taksi duraklarından) 그리고 길에서 택시에 타는 것이(binmek) 가능하다(mümkün). 06 : 00-24 : 00 사이에(06 : 00-24 : 00 arası) 낮 가격표(gündüz tarifesi)가 적용된다. 24 : 00-06 : 00 사이에(24 : 00-06 : 00 arası) 야간 가격표(gece tarifesi) 적용되고(geçerli olup) 야간 가격표(gece tarifesi)가 낮 가격표보다 50%가 많다(yüzde 50 fazla).

1 단계

단어 익히기

• aşağı	밑, 바닥, 아래/ 아래로
• belirtmek	밝히다, 알리다, 제시하다
• bulundurmak	찾게하다, 발견되게 하다
• bulvar	길, 대로
• cadde	큰 길, 주요 도로
• camlı	유리를 끼운, 유리도 된
• dahil	안, 내부 / 포함 하여
• deniz otobüsü	해양 버스 (연안을 운행하는 배, 주로 통근, 통학에 이용. 바다의 버스라 불리움)

- dolmuş 돌무쉬
- durak 정류장
- ehliyet 자격, 자격증
- fayton (덮개가 있는) 마차
- feribot 페리보트, 자동차, 기차등을 나르는 배
- gar 기차역
- gece tarifesi 심야 시간표
- geçerli 지나는, 통과하는
- gerekli 필요한
- gezi 유람, 관광, 산책
- giriş 진입, 입구, 시작
- görevli 임무를 가진/ 임무자, 책임자
- gündüz tarifesi 주간 시간표
- güzergâh 택시 길/ 길, 통로
- haftanın her günü 주중 매일
- ilçe (행정구역) 군
- ilk yardım çantası 구급 가방(구급낭)
- izin belgesi 허가 증명서
- karşı 건너, 건너편, 반대/ 반대편의
- kavşak 합류점, 교차점, 교차로
- kendi (스스로의) 자기, 저, 자신
- keyifli 즐거운, 유쾌한
- kiralamak 빌리다, 세들다, 전세들다/ 빌려주다. 전세주다
- metre 미터(m)
- metro 지하철
- minibüs 소형 버스
- mümkün 가능한, 할 수 있는
- otobüs 버스
- otogar 버스터미널
- otomobil plakası 자동차 번호판
- ön 앞, 전(방)
- ruhsat 허가, 인가, 면허

- sağ 오른쪽의, 우편의
- seyahat 여행, 유람
- sigorta belgeleri 보험 증명서
- sigorta firması 보험 회사
- sürücü 운전자
- şehir 시, 도시
- şehir kodu 시의 고유한 코드
- şehir merkezi 시의 중심지
- şehiriçi 시의 내부, 시내
- taksi 택시
- tarafından ~로 부터, ~에 의해
- tramvay 전차
- tren 기차
- tren seferleri 기차 여행
- tüp geçit 육교, 터널 통로
- ulaşım 왕래, 교통
- ulaşmak 이르다, 도달하다
- uygulama 적용, 수행
- yangın söndürme cihazı 소화기
- yararlanmak 유용하게 하다, 편리하게 하다
- yürümek 걷다
- zorunlu 필요한, 불가피한

문법 따라잡기

1. 명사수식법에서 개입 자음 n의 사용법

-**İ**(Belirtme durumu eki : 목적격)
-**A**(Yönelme durumu eki : 여격)
isim tamlaması + **n** +
-**DA**(Bulunma durumu eki : 처격)
-**DAN**(Ayrılma durumu eki : 탈격)

＊ 명사 + 명사 + **n** + 격어미

telefon numarası + *n* + ı → telefon numarası***n***ı (전화 번호를)
alışveriş listesi + *n* + i → alışveriş listesi***n***i (쇼핑 리스트를)
öğretmenin kitabı + *n* + a → öğretmenin kitabı***n***a (선생님의 책에)
İstanbul otobüsü + *n* + **e** → **i**stanbul otobüsü***n***e (이스탄불 버스에)
öğretmenler odası + *n* + **da** → öğretmenler odası***n***da (선생님들의 사무실에서)
not defteri + *n* + de → not defteri***n***de (메모 수첩에)
bilgisayar ekranı + *n* + **dan** → bilgisayar ekranı***n***dan (컴퓨터 화면으로부터)
indirim günleri + n + den → indirim günleri***n***den (할인 날로부터)

2. *-lİ*(*-lı*, *-li*, *-lu*, *-lü*), (~사람, ~가 있는)

baharat-lı **çorba** (향신료가 들어간 수프)
Amerika-lı **doktor** (미국인 의사)
Kore-li öğrenciler (한국인 학생)

neşe-li çocuklar (명랑한 어린이들)
yoğurt-lu İskender (요구르트가 들어간 이스켄데르)
su-lu elma (물이 많은 사과)
süt-lü kahve (우유가 들어간 커피, 까페 라떼)
kültür-lü adam (교양있는 사람)

3. *-sİz* (*-sız*, *-siz*, *-suz*, *-süz*), (~가 없는)

yağ**sız** *et* (기름없는 고기)
sigara**sız bölüm** (금연 구역)
şeker**siz çay** (설탕이 없는 차)
et**siz yemek** (고기없는 음식)
tuz**suz** ayran (소금기없는 아이란)
bulut**suz** hava (구름없는 날씨, 맑은 날씨)
gözlük**süz** kadın (안경끼지 않은 여성)

4. 알림표

Açık 아측	개점
Bayanlar 바얀라르	숙녀용
Baylar 바이라르	신사용
Boş 보쉬	비어있음
Çekiniz 체키니즈	당기세요
Çıkış 츠크쉬	출구
Danışma 다느쉬마	안내
Dikkat! 디캇	주의
Dur! 두루	정지

Fotoğraf çekilmez! 포토으라프 체킬메즈	사진 촬영 금지
Giriş serbesttir 기리쉬 세르베스트티르	입장 무료
Giriş 기리쉬	입구
Girmek yasaktır! 기르멕 야삭트르	출입금지
İmdat çıkışı 임닷 츠크쉬	비상구
İtiniz 이티니즈	미세요
Kapalı 카팔르	폐점
Kiralık 키랄륵	렌트
Meşgul 메쉬굴	사용중
Park yeri 파르크 예리	주차장
Satılık 사틀륵	판매용
Sigara içilir 시가라 이칠리르	흡연 구역
• Sigara içilmez! 시가라 이칠메즈	금연
• Tehlike! 테흘리케	위험
• Tuvalet 투왈렛	화장실
• Yavaş! 야와쉬	천천히
• Yayalar 야야라르	보행자
• Yüzmek yasaktır! 유즈메 야삭트르	수영금지

표현 따라하기 12-2

Affedersiniz, Kızılay'a nasıl gidebilirim?
Kızılay'a gitmek için, 220 numaralı otobüse binmelisiniz.
- 실례합니다, 크즐라이로 어떻게 갈 수 있습니까?
- 크즐라이로 가기 위해서, 220번 버스에 타셔야합니다.

Affedersiniz, buralarda ucuz ve temiz bir pansiyon biliyor musunuz?
Şehir Merkezinde Çiçek Pansiyon var, taksiyle gidebilirsiniz.
- 실례합니다, 이 근처에 저렴하고 깨끗한 펜션을 알고 계시나요?
- 시내 중심에 치첵 펜션이 있습니다. 택시로 가실 수 있습니다.

Affedersiniz, havaalanına nasıl gidebilirim?
Ulus'tan Havaş otobüslerine binebilirsiniz.
- 실례합니다, 공항에 어떻게 갈 수 있습니까?
- 울루스에서 하와쉬 버스에 타실 수 있습니다.

Affedersiniz, Dikmen için dolmuş durağı nerede?
Karşıda bir park var, Güven Park. Dolmuş durakları o parkın arkasında.
- 실례합니다, 딕멘행 돌무쉬 정류장이 어디입니까?
- 건너편에 공원이 하나있는데요, 귀벤 공원이라고. 돌무쉬 정류장들은 그 공원 뒤편에 있습니다.

Affedersiniz, Kore Elçiliğinin adresini biliyor musunuz?
Alaçam Sokak No:5 Çankaya-ANKARA

- 실례합니다, 대한민국 대사관의 주소를 아십니까?
- Alaçam Sokak No: 5 Çankaya-ANKARA

문제 풀기

I . Aşağıdaki cümlelerde boşlukları **iyelik ekleri** ile doldurunuz.

아래 문장의 빈칸을 대명사적 어미로 채우시오.

1) Benim ev__________ Ankara'da.
2) Senin araba__________ nerede?
3) Onun kız__________ Koreli.
4) Bizim aile__________ çok kalabalık.
5) Sizin telefon__________ var mı?
6) Onların gül__________ kırmızı.

Ⅱ. Aşağıdaki cümlelerde boşlukları -İmek eylemi ekleri ile doldurunuz.

아래 문장의 빈칸을 접미 동사 어미로 채우시오.

1) Ben Koreli__________.
2) Sen Türk__________.
3) O, güzel__________.
4) Biz öğretmen__________.
5) Siz memur__________.
6) Onlar Seul'de__________.

Ⅲ. Aşağıdaki cümlelerde boşlukları **soru ekleri** ile doldurunuz ve cevap veriniz.

아래 문장의 빈칸을 의문형 어미로 채우시오.

1) Lee, Türk __________? Hayır, __________.
2) Ahmet Koreli __________? Hayır, __________.
3) İstanbul'da deniz var __________? Evet, __________.
4) Kim Türkiye'de mutlu __________? Evet, __________.

Ⅳ. Aşağıdaki cümlelerde boşlukları şimdiki zaman ekleri ile doldurunuz.

아래 문장의 빈칸을 현재시제 어미로 채우시오.

1) (+) Ben Türkiye'de çalış________.

2) (+) Sen Seul'de otur________.

3) (+) O, nereye git________.

4) (+) Biz yemek ye________.

5) (+) Siz eve dön________.

6) (+) Onlar nerede yaş________.

정 답

Ⅰ. 1) im 2) n 3) ı 4) miz
5) unuz 6) leri

Ⅱ. 1) yim 2) sün 3) 4) iz
5) sunuz 6) ler

Ⅲ. 1) mü, o Türk değil 2) mi, o Koreli değil
3) mı, orada deniz var 4) mu, o Türkiye' de mutlu.

Ⅳ. 1) ıyorum 2) uyorsun 3) iyor 4) iyoruz
5) üyorsunuz 6) ıyorlar

Ders 13

Banka

은행

13-1

BANKADA HESAP AÇTIRMA...

Banka Memuru: Buyurun, Beyefendi!
Turist: İyi günler, Hanımefendi!
Banka Memuru: İyi günler! Size nasıl yardımcı olabilirim?
Turist: Bankanızda döviz hesabı açtırmak istiyorum.
Banka Memuru: Tabi! Pasaportunuzu verebilir misinz?
Turist: Buyurun!
Banka Memuru: Şu formu doldurun, lütfen!
Turist: Form tamam.
Banka Memuru: Şurayı imzalar mısınız?
Turist: İmza da tamam!
Banka Memuru: Hesabınız açıldı. Para yatıracak mısınz?
Turist: Evet, 2000 Dolar yatıracağım. Buyurun!
Banka Memuru: İşleminiz tamam. Bu da dekontunuz.
Turist: Teşekkür ederim! İyi günler
Banka Memuru: Rica ederim! Size de iyi günler

은행에서 계좌를 개설시키기...
은행원 : 말씀하세요, 선생님!
여행객 : 안녕하세요, 부인!
은행원 : 안녕하세요! 당신께 어떻게 조력자가 될 수 있을까요?
여행객 : 은행에 외화 계좌를 개설시키고 싶습니다.
은행원 : 물론이죠! 여권을 주실 수 있으십니까?
여행객 : 여기요!
은행원 : 저 양식을 채워주세요.
여행객 : 양식은 다 됐습니다.
은행원 : 저 쪽을 서명해 주시겠습니까?

여행객 : 서명도 되었습니다.
은행원 : 계좌가 열렸습니다. 돈을 예금하실 것입니까?
여행객 : 네, 2000 달러를 예금할 것입니다. 여기 있습니다.
은행원 : 절차는 다 되었습니다. 이것은 거래확인증입니다.
여행객 : 감사합니다. 좋은 하루 되세요.
은행원 : 별말씀을요! 당신께도 좋은 하루되시기를.

1단계

단어 익히기

• Avro	유로 화
• bekletmek	기다리게 하다, 기대하게 하다
• büro	사무실
• çevirmek	회전하다, 돌다, 전환하다 / 번역하다, 해석하다
• dekont	(입출금)거래 확인증
• Dolar	달러 화
• doldurmak	채우다, 메우다
• döviz	외화, 외환
• döviz bozdurmak	환전하다
• elbette!	당연히!, 틀림없이, 확실히
• etmek	하다, 만들다, 되다
• form	양식
• gerekmek	필요하다
• havale	이송, 송달 / 송금
• havale masrafı	송금 비용
• hesap açtırmak	(은행) 계좌를 개설시키다
• hesap defteri	통장
• imzalamak	서명하다
• işlem	절차

• işlemek	처리하다, 작업하다
• karşılık	반응, 대가
• kimlik	신분증
• kur	환율
• kuruş	(화폐) 리라(Lira)의 1/100의 가치
• oldu!	됐어!
• para bozdurmak	(소액의 화폐로)돈을 바꾸다
• para çekmek	돈을 인출하다
• para yatırmak	돈을 예금하다
• pasaport	여권
• şu an	지금
• şu anki	지금의, 지금의 것
• Türk Lirası	터키 리라
• yurtdışı	국외
• yükselmek	오르다, 높아지다, 상승하다

문법 따라잡기

HABER KİPLERİ				
Şimdiki Zaman	**Belirli Geçmış Zaman**	**Belirsiz Geçmiş Zaman**	**Gelecek Zaman**	**Geniş Zaman**
geliyorum geliyorsun geliyor geliyoruz geliyorsunuz geliyorlar	geldim geldin geldi geldik geldiniz geldiler	gelmişm gelmişsin gelmiş gelmişiz gelmişsiniz gelmişler	geleceğim geleceksin gelecek geleceğiz geleceksiniz gelecekler	gelirim gelirsin gelir geliriz gelirsiniz gelirler
Şimdiki	**Belirli**	**Belirsiz**	**Gelecek**	**Geniş**

Zamanın Hikayesi	Geçmiş Zamanın Hikayesi	Geçmiş Zamanın Hikayesi	Zamanın Hikayesi	Zamanın Hikayesi
geliyordum geliyordun geliyordu geliyorduk geliyordunuz geliyorlardı	geldiydim geldiydin geldiydi geldiydik geldiydiniz geldiydiler	gelmiştim gelmiştin gelmişti gelmiştik gelmiştiniz gelmişlerdi	gelecektim gelecektin gelecekti gelecektik gelecektiniz geleceklerdi	gelirdim gelirdin gelirdi gelirdik gelirdiniz gelirlerdi

DİLEK KİPLERİ			
Dilek-Şart	**İstek**	**Gereklilik**	**Emir**
gelsem gelsen gelse gelsek gelseniz gelseler	geleyim gelesin gele gelelim gelesiniz geleler	gelmeliyim gelmelisin gelmeli gelmeliyiz gelmelisiniz gelmeliler	 gel gelsin geliniz gelsinler
Dilek-Şart Kipinin Hikayesi	**İstek Kipinin Hikayesı**	**Gereklilik Kipinin Hikayesi**	**Emir Kipinin Hikayesi**
gelseydim gelsseydin gelseydi gelseydik gelseydiniz gelselerdi	geleydim geleydin geleydi geleydik geleydiniz gelelerdi	gelmeliydim gelmeliydin gelmeliydi gelmeliydik gelmeliydiniz gelmeydiler	yok
Dilek-Şart Kipinin Rivayeti	**İstek Kipinin Rivayeti**	**Gereklilik Kipinin Rİvayeti**	**Emir Kipinin Rivayeti**
gelseymişim gelseymişsin gelseymiş	geleymişim geleymişsin geleymiş	gelmeliymişim gelmeliymişsin gelmeliymiş	

gelseymişiz gelseymişsiniz geleselermiş	geleymişiz geleymişsiniz gelelermiş	gelmeliymişiz gelmeliymişsiniz gelmelilermiş	yok

표현 따라하기 13-2

Buralarda banka var mı acaba?
이 근처에 은행이 있습니까, 혹시?
Evet, bu caddenin sonunda, köşede Akbank var.
네, 이 길 끝에, 코너에 아크방크가 있습니다.

Bankalar saat kaçta açılıyor?
은행들은 몇 시에 열립니까?
Saat dokuzda açılıyor.
9시에 열립니다.

Bankalar saat kaçta kapanıyor?
은행들은 몇 시에 닫습니까?
Saat beş buçukta kapanıyor.
5시 반에 닫습니다.

Hesabımı kapatmak istiyorum.
계좌를 닫고 싶습니다.
Tabi! Kimliğinizi rica edeyim.
물론이죠! 신분증을 부탁드립니다.

Yakınlarda ATM var mı acaba?
근처에 ATM 기기(자동인출기)가 있습니까, 혹시?
Evet, caddenin arkasında bir Bankamatik var.
네, 길 뒤에 현금인출기가 있습니다.

Bankanızda döviz bozdurabilir miyim?
당신의 은행에서 환전을 할 수 있습니까?
Tabi, efendim! Dolar mı, Avro mu?
물론이죠, 고객님! 달러인가요, 유로인가요?

Yakınlarda döviz bürosu var mı, acab?
가까운 곳에 환전소가 있습니까, 혹시?
Evet, Sakarya Caddesinde bir çok döviz bürosu var.
네, 사카리야 대로에 많은 환전소가 있습니다.
Şu anki Dolar ve Avro kurlarını öğrenebilir miyim?
현재의 달러 화와 유로 화의 환율을 알 수 있을까요?
1 Amerikan Doları 1.3860 Türk Lirası, 1 Avro ise 1.7140 Türk Lirası.
1 미국 달러에 1.3860 터키 리라, 1 유로는 1.7140 터키리라 입니다.